Friedrich Schleiermacher

Zur Darstellung des theologischen Studiums

Friedrich Schleiermacher

Zur Darstellung des theologischen Studiums

ISBN/EAN: 9783744648929

Hergestellt in Europa, USA, Kanada, Australien, Japan

Cover: Foto ©Lupo / pixelio.de

Weitere Bücher finden Sie auf **www.hansebooks.com**

Zur Darstellung
des theologischen Studiums.

Zum Behuf einleitender Vorlesungen

entworfen

von

D. Friedr. E. D. Schleiermacher.

Halle a. d. S.

Druck und Verlag von Otto Hendel

Vorbemerkung.

Friedrich Ernst Daniel Schleiermacher, hochbedeutender Theolog und Schriftsteller unseres Jahrhunderts, wurde am 21. Nov. 1768 zu Breslau geboren, wo sein Vater reformierter Feldprediger war. Seine Eltern siedelten später nach Pleß und nach der Kolonie Anhalt über, brachten aber den körperlich schwachen Knaben dessen früheste Erziehung die Mutter mit Verstand und Frömmigkeit geleitet hatte, 1783 in die Erziehungsanstalt der Brüdergemeinde Niesky in der Oberlausitz, und nach zwei Jahren in das Gymnasium zu Barby. Seit 1787 studierte er in Halle Theologie. Hier lebte er im Hause seines Oheims, des Professors der Theologie Stubenrauch, nicht als pünktlicher Kollegienbesucher, sondern mit der Freiheit eines sich selbständig fühlenden Talentes seine Bahn verfolgend. Nach bestandenem theologischen Examen verließ Sch. 1790 Halle und wurde Hauslehrer bei dem Grafen Dohna-Schlobitten in Preußen, schied aber aus dieser Stellung infolge eines Konfliktes freiwillig aus. Von kurzer Dauer waren seine ersten öffentlichen Anstellungen: als Mitglied des Gedikeschen Seminars und Lehrer am Kornmesserschen Waisenhause in Berlin (1793) und als Hilfsprediger in Landsberg a. d. W. (1794), bis er 1796 als Prediger am Charitéfrankenhaus und dem Invalidenhaus nach Berlin berufen wurde. Von nun an nahm sein geistiges Leben einen bedeutenden Aufschwung. Während er seine wissenschaftlichen und besonders seine philosophischen Studien mit Eifer fortsetzte, sah er sich durch Freunde, wie Scharnhorst, Alexander Dohna, durch Frauen, wie Henriette Herz und Dorothea Veit, in die geistig angeregtesten Kreise der Berliner Geselligkeit hineingezogen. Kunst, Litteratur und moderne Bildung erschlossen sich ihm allseitig, und an der Hand Friedrichs von Schlegel, seines vertrauten Freundes, ward er in den Geist der Romantik eingeführt. Im Jahre 1802 ließ er sich als Hofprediger nach Stolpe versetzen, wo er zwei arbeitsvolle Jahre verblieb und wo die Übersetzung des Platon heranreifte. Von dort wurde er 1804 als Universitätsprediger und Professor der Theologie nach Halle berufen, wo er indessen zu der theologischen Fakultät in ein engeres Verhältnis nicht trat; das war natürlich bei einem so eigentümlich gearteten Geiste wie Schleiermacher. Nur mit den Professoren Niemeyer und Vater befreundete er sich einigermaßen. Nachdem infolge der Katastrophe von 1806 die Universität Halle aufgelöst und seine dortige Wirksamkeit dadurch abgebrochen war, kehrte er im Herbst 1807 nach Berlin zurück, wo er bald darauf Prediger

an der Dreifaltigkeitskirche wurde und sich verheiratete. Gleich
Fichte hielt er in Berlin Vorlesungen vor einem gemischten Publikum
und war für die Gründung der neuen Universität thätig, bei deren
Eröffnung (1810) er als ordentlicher Professor der Theologie ange-
stellt wurde. Da er außerdem in der wissenschaftlichen Sektion des
Ministeriums des Innern beschäftigt, dann aber 1814 Mitglied und
Sekretär der Akademie der Wissenschaften wurde, so waren jetzt
Haus und Amt gegründet und ein höchst bedeutender und mehr-
seitiger Beruf sichergestellt. Nach einer gewaltigen, weit ausge-
breiteten und unermüdlichen Thätigkeit starb Sch. am 12. Februar
1834 zu Berlin und wurde auf dem Halleschen Kirchhofe bei-
gesetzt.

Die Bedeutung dieses Mannes auch nur annähernd hier darstellen zu wollen, wäre ein vergebliches Mühen. Von ihm hat die
Philosophie und Philologie, die Pädagogik und Politik und die
deutsche Litteraturgeschichte zu reden und zu rühmen, ihm gebührt
in der Geschichte der Theologie ein hervorragender Platz. Seine
außerordentliche Bedeutung als Schriftsteller lag in der Verbindung
seiner wissenschaftlichen theologischen Thätigkeit mit einer seltenen Viel-
seitigkeit der allgemeinen Anschauung, der innigsten Religiosität mit der
philosophischen und litterarischen Bildung seines Zeitalters. Für die
besondere Richtung seines Geistes und seiner litterarischen Thätigkeit war sein erster Aufenthalt in Berlin von entscheidendem Ein-
flusse. Durch seine innige Freundschaft mit Schlegel war er mit
der am Ende des vorigen Jahrhunderts emporstrebenden roman-
tischen Schule näher bekannt geworden und fühlte sich auch seiner
geistigen Anlage nach zu ihren Vertretern hingezogen. Unter solchen
Einflüssen stehend, trat er zuerst mit den gewaltigen „Reden
über die Religion an die Gebildeten unter ihren Ver-
ächtern" (1799) und den „Monologen" (1800) hervor. Die „kurze
Darstellung des theologischen Studiums zum Behufe einleitender Vorlesungen entworfen" bildet die Einleitung zur
ersten Abteilung seiner „Sämtlichen Werke" mit dem Hauptitel
„Zur Religion." Auf die „kurze Darstellung" folgt unmittelbar:
„Ueber Religion, Reden ꝛc." Beide Werke bilden gewissermaßen
ein Ganzes und ergänzen sich gegenseitig. Die Freundschaft mit
Fr. Schlegel veranlaßte auch seine „Vertrauten Briefe über Schlegels
Lucinde" (1801), die anonym erschienen, und in denen er das
sittlich wie ästhetisch gleich verwerfliche Buch unbegreiflicherweise
in Schutz nahm, ein Beweis seiner großen Vorliebe für die
Romantiker. Den Briefen folgte eine Übersetzung des Platon
(1804—1810), die besonders durch die Einleitungen zu den Plato-
nischen Dialogen für das Studium des griechischen Philosophen und

der griechischen Philosophie überhaupt epochemachend geworden ist.
Ferner sei von seinen Schriften hier genannt: „Die Weihnachts=
feier, ein Gespräch" (1806), zu Halle entstanden; „Gelegentliche
Gedanken über Universitäten im deutschen Sinn" (1808), eine
Denkschrift zur Förderung der Gründung der Universität Berlin,
worin er für die Sache Mut gemacht und die wesentlichen Formen
und höchsten Zwecke einer deutschen Hochschule in liberaler Auf=
fassung, aber sehr abweichend von Fichte, erläutert hatte. Schleier=
machers bedeutendstes Werk, welches in seiner Gedankenfülle und
Formvollendung weit über die Kreise der Theologie hinaus gewirkt
hat, ist betitelt: „Der christliche Glaube, nach den Grundsätzen der
evangelischen Kirche im Zusammenhang dargestellt" (1821—1822),
der erste Versuch, den überlieferten Inhalt mit der Innerlichkeit
und Freiheit des Subjekts auszusöhnen und zu erfüllen. Während
eine große Zahl seiner ideenreichen Abhandlungen und Reden schon
bei seinen Lebzeiten in den Schriften der Berliner Akademie der
Wissenschaften veröffentlicht wurde, erschienen seine zum weitaus
größten Teil nach Form und Inhalt gleich vollendeten „Predigten"
(1836—1856), wie auch mehrere aus seinen Vorlesungen an der
Berliner Universität hervorgegangene bedeutende Werke, z. B. seine
„Dialektik" (1839), „Vorlesungen über die Ästhetik" (1842), „Die Er=
ziehungslehre" (1849), erst lange Zeit nach seinem Tode in der
großen Ausgabe seiner „Sämtlichen Werke" (1836—1865).

Wichtig für Schleiermachers Biographie ist der von Gaß her=
ausgegebene „Briefwechsel Schleiermachers mit J. Chr. Gaß"
(Berlin 1852); ferner: „Aus Schleiermachers Leben, in Briefen"
herausgegeben von Dilthey (1860—63, 4 Bde.). Eine mit ebenso
viel Liebe unternommene wie mit Fleiß und eindringendem Studium
ausgearbeitete Biographie verdanken wir W. Dilthey (Berlin 1867—70,
2 Teile).

Vorerinnerung.

Es ist mir immer ungemein schwierig erschienen nach Anleitung eines fremden Handbuchs akademische Vorträge zu halten; denn jede abweichende Ansicht scheint zugleich eine Abweichung zu fordern von einer aus einem anderen Gesichtspunkte entstandenen Ordnung. Freilich wird es um desto leichter, je mehr die eigentümlichen Ansichten der Einzelnen über Einzelnes einer gemeinschaftlichen über das Ganze untergeordnet sind, das heißt, je mehr das besteht, was man eine Schule nennt. Allein wie wenig dies jetzt in der Theologie der Fall ist, weiß jedermann. Aus demselben Grunde also, der es mir zum Bedürfnis macht, wenn ein Leitfaden gebraucht werden soll, was doch in mancher Hinsicht nützlich ist, einen eigenen zu entwerfen, bin ich unfähig, den Anspruch zu machen, daß andere Lehrer sich des meinigen bedienen mögen. Scheint es mir daher zu viel, was nur für meine jetzigen und künftigen Zuhörer bestimmt ist, durch den Druck in das große Publikum zu bringen: so tröste ich mich damit, daß diese wenigen Bogen meine ganze dermalige Ansicht des theologischen Studiums enthalten, welche, wie sie auch beschaffen sei, doch vielleicht schon durch ihre Abweichung anregend wirken und Besseres erzeugen kann.

Andere pflegen in Encyklopädien auch einen kurzen Auszug der einzelnen dargestellten Disciplinen selbst zu geben; mir schien es angemessener, denen zu folgen, welche in solchen Vorträgen lieber alle Aufmerksamkeit auf dem Formalen festhalten, damit die Bedeutung der einzelnen Teile und ihr Zusammenhang desto besser aufgefaßt werde.

*

Nach beinahe zwanzig Jahren, die seit der ersten Erscheinung dieses Büchleins vergangen sind, war es wohl natürlich, daß ich im einzelnen vieles zu verändern fand; wiewohl Ansicht und Behandlungsweise im ganzen durchaus dieselben geblieben sind. Was ich in Ausdruck und Stellung geändert habe, ist hoffentlich auch gebessert. Wie ich denn auch wünsche, daß die kurzen den Hauptsätzen beigefügten Andeutungen ihren Zweck, dem Leser eine Erleichterung zu gewähren, nicht verfehlen mögen.

Berlin, im Oktober 1830.

D. F. Schleiermacher.

Kurze Darstellung
des theologischen Studiums

zum Behuf einleitender Vorlesungen.

Inhalt.

Einleitung.

§ 1. Die Theologie in dem Sinne, in welchem das Wort hier immer genommen wird, ist eine positive Wissenschaft, deren Teile zu einem Ganzen nur verbunden sind durch ihre gemeinsame Beziehung auf eine bestimmte Glaubensweise, d. h. eine bestimmte Gestaltung des Gottesbewußtseins; die der christlichen also durch die Beziehung auf das Christentum.

Eine positive Wissenschaft überhaupt ist nämlich ein solcher Inbegriff wissenschaftlicher Elemente, welche ihre Zusammengehörigkeit nicht haben, als ob sie einen vermöge der Idee der Wissenschaft notwendigen Bestandteil der wissenschaftlichen Organisation bildeten, sondern nur sofern sie zur Lösung einer praktischen Aufgabe erforderlich sind. — Wenn man aber ehedem eine rationale Theologie in der wissenschaftlichen Organisation mit aufgeführt hat: so bezieht sich zwar diese auch auf den Gott unseres Gottesbewußtseins, ist aber als spekulative Wissenschaft von unserer Theologie gänzlich verschieden.

§ 2. Jeder bestimmten Glaubensweise wird sich in dem Maß als sie sich mehr durch Vorstellungen als durch symbolische Handlungen mitteilt, und als sie zugleich geschichtliche Bedeutung und Selbständigkeit gewinnt, eine Theologie anbilden, die aber für jede Glaubensweise, weil mit der Eigentümlichkeit derselben zusammenhängend, sowohl der Form als dem Inhalt nach, eine andere sein kann.

Nur in dem Maße, weil in einer Gemeinschaft von geringem Umfang kein Bedürfnis einer eigentlichen Theologie entsteht, und weil bei einem Übergewicht symbolischer Handlungen die rituale Technik, welche die Deutung derselben enthält, nicht leicht den Namen einer Wissenschaft verdient.

§ 3. Die Theologie eignet nicht allen, welche und sofern sie zu einer bestimmten Kirche gehören, sondern nur dann und sofern sie an der Kirchenleitung teilhaben; sodaß der Gegensatz zwischen solchen und der Masse und das Hervortreten der Theologie sich gegenseitig bedingen.

> Der Ausdruck Kirchenleitung ist hier im weitesten Sinne zu nehmen, ohne daß an irgend eine bestimmte Form zu denken wäre.

§ 4. Je mehr sich die Kirche fortschreitend entwickelt, und über je mehr Sprach- und Bildungsgebiete sie sich verbreitet, um desto vielteiliger organisiert sich auch die Theologie; weshalb denn die christliche die ausgebildetste ist.

> Denn je mehr beides der Fall ist, um desto mehr Differenzen sowohl der Vorstellung als der Lebensweise hat die Theologie zusammenzufassen, und auf desto mannigfaltigeres Geschichtliche zurückzugehen.

§ 5. Die christliche Theologie ist sonach der Inbegriff derjenigen wissenschaftlichen Kenntnisse und Kunstregeln, ohne deren Besitz und Gebrauch eine zusammenstimmende Leitung der christlichen Kirche, d. h. ein christliches Kirchenregiment, nicht möglich ist.

> Dieses nämlich ist die in § 1 aufgestellte Beziehung; denn der christliche Glaube an und für sich bedarf eines solchen Apparates nicht, weder zu seiner Wirksamkeit in der einzelnen Seele noch auch in den Verhältnissen des geselligen Familienlebens.

§ 6. Dieselben Kenntnisse, wenn sie ohne Beziehung auf das Kirchenregiment erworben und besessen werden, hören auf theologische zu sein, und fallen jede der Wissenschaft anheim, der sie ihrem Inhalte nach angehören.

> Diese Wissenschaften sind dann der Natur der Sache nach die Sprachkunde und Geschichtskunde, die Seelenlehre und Sittenlehre nebst den von dieser ausgehenden Disciplinen der allgemeinen Kunstlehre und der Religionsphilosophie.

§ 7. Vermöge dieser Beziehung verhält sich die Mannigfaltigkeit der Kenntnisse zu dem Willen bei der Leitung der Kirche wirksam zu sein, wie der Leib zur Seele.

Ohne diesen Willen geht die Einheit der Theologie verloren, und ihre Teile zerfallen in die verschiedenen Elemente.

§ 8. Wie aber nur durch das Interesse am Christentum jene verschiedenartigen Kenntnisse zu einem solchen Ganzen verknüpft werden: so kann auch das Interesse am Christentum nur durch Aneignung jener Kenntnisse sich in einer zweckmäßigen Thätigkeit äußern.

> Eine Kirchenleitung kann zufolge § 2 nur von einem sehr entwickelten geschichtlichen Bewußtsein ausgehen, aber auch nur durch ein klares Wissen um die Verhältnisse der religiösen Zustände zu allen übrigen recht gedeihlich werden.

§ 9. Denkt man sich religiöses Interesse und wissenschaftlichen Geist im höchsten Grade und im möglichsten Gleichgewicht für Theorie und Ausübung vereint: so ist dies die Idee eines Kirchenfürsten.

> Diese Benennung für das theologische Ideal ist freilich nur angemessen, wenn die Ungleichheit unter den Mitgliedern der Kirche groß ist, und zugleich ein Einfluß auf eine große Region der Kirche möglich. Sie scheint aber passender als der schon für einen besonderen Kreis gestempelte Ausdruck Kirchenvater, und schließt übrigens nicht im mindesten die Erinnerung an ein amtliches Verhältnis in sich.

§ 10. Denkt man sich das Gleichgewicht aufgehoben: so ist derjenige, welcher mehr das Wissen um das Christentum in sich ausgebildet hat, ein Theologe im engeren Sinn; derjenige hingegen, welcher mehr die Thätigkeit für das Kirchenregiment in sich ausbildet, ein Kleriker.

> Diese natürliche Sonderung tritt bald mehr bald weniger äußerlich hervor; je mehr aber, um desto weniger kann die Kirche ohne eine lebendige Wechselwirkung zwischen beiden bestehen. — Übrigens wird im weiteren Verfolg der Ausdruck Theologe in der Regel in dem weiteren beide Richtungen umfassenden Sinne genommen.

§ 11. Jedes Handeln mit theologischen Kenntnissen als solchen, von welcher Art es auch sei, gehört immer in das Gebiet der Kirchenleitung; und wie auch über die Thätigkeit in der Kirchenleitung, sei es mehr konstruierend oder mehr regelgebend, gedacht werde, so gehört dieses Denken immer in das Gebiet des Theologen im engeren Sinn.

> Auch die wissenschaftliche Wirksamkeit des Theologen muß auf die Förderung des Wohles der Kirche abzwecken, und ist also klerikalisch; und alle technischen Vorschriften auch über die eigentlich klerikalischen Thätigkeiten gehören in den Kreis der theologischen Wissenschaften.

§ 12. Wenn demzufolge alle wahren Theologen auch an der Kirchenleitung teilnehmen, und alle die in dem Kirchenregiment wirksam sind, auch in der Theologie leben: so muß ungeachtet der einseitigen Richtung beider doch beides, kirchliches Interesse und wissenschaftlicher Geist, in jedem vereint sein.

> Denn wie im entgegengesetzten Falle der Gelehrte kein Theologe mehr wäre, sondern nur theologische Elemente in dem Geist ihrer besonderen Wissenschaft bearbeitete: so wäre auch die Thätigkeit des Klerikers keine kunstgerechte oder auch nur besonnene Leitung, sondern lediglich eine verworrene Einwirkung.

§ 13. Jeder der sich zur leitenden Thätigkeit in der Kirche berufen findet, bestimmt sich seine Wirkungsart nach Maßgabe wie eines von jenen beiden Elementen in ihm überwiegt.

> Ohne einen solchen inneren Beruf ist niemand in Wahrheit weder Theologe noch Kleriker; aber keine von beiden Wirkungsarten hängt irgend davon ab, daß das Kirchenregiment die Basis eines besonderen bürgerlichen Standes ist.

§ 14. Niemand kann die theologischen Kenntnisse in ihrem ganzen Umfange vollständig inne haben, teils weil jede Disciplin im einzelnen ins Unendliche entwickelt werden kann, teils weil die Verschiedenheit der Disciplinen eine Mannigfaltigkeit von Talenten erfordert, welche einer nicht leicht in gleichem Grade besitzt.

> Jene Entwicklungsfähigkeit zur unendlichen Vereinzelung gilt sowohl von allem was geschichtlich ist und mit Geschichtlichem zusammen-

hängt, als auch von allen Kunstregeln in Bezug auf die Mannig=
faltigkeit der Fälle, welche vorkommen können.

§ 15. Wollte sich jedoch deshalb jeder gänzlich auf einen
Teil der Theologie beschränken: so wäre das Ganze weder
in einem noch in allen zusammen.

Letzteres nicht weil bei einer solchen Art von Verteilung kein Zu=
sammenwirken der einzelnen von verschiedenen Fächern, ja streng
genommen auch nicht einmal eine Mitteilung unter ihnen statt=
finden könnte.

§ 16. Daher ist die Grundzüge aller theologischen Disci=
plinen inne zu haben die Bedingung, unter welcher auch nur
eine einzelne derselben in theologischem Sinn und Geist kann
behandelt werden.

Denn nur so, wenn jeder neben seiner besonderen Disciplin auch
das Ganze auf allgemeine Weise umfaßt, kann Mitteilung
zwischen allen und jedem stattfinden, und nur so jeder ver=
mittelst seiner Hauptdisciplin eine Wirksamkeit auf das Ganze
ausüben.

§ 17. Ob jemand eine einzelne Disciplin und was für
eine zur Vollkommenheit zu bringen strebt, das wird bestimmt
vornehmlich durch die Eigentümlichkeit seines Talentes, zum
Teil aber auch durch seine Vorstellung von dem dermaligen
Bedürfnis der Kirche.

Der glückliche Fortgang der Theologie überhaupt hängt großenteils
davon ab, daß sich zu jeder Zeit ausgezeichnete Talente für das=
jenige finden, dessen Fortbildung am meisten not thut. Immer
aber können diejenigen am vielseitigsten wirksam sein, welche die
meisten Disciplinen in einer gewissen Gleichmäßigkeit umfassen,
ohne in einer einzelnen eine besondere Virtuosität anzustreben;
wogegen diejenigen, die sich nur einem Teile widmen, am meisten
als Gelehrte leisten können.

§ 18. Unerläßlich ist daher jedem Theologen zuerst eine
richtige Anschauung von dem Zusammenhang der verschiedenen
Teile der Theologie unter sich, und dem eigentümlichen Wert
eines jeden für den gemeinsamen Zweck. Demnächst Kenntnis

von der inneren Organisation jeder Disciplin und denjenigen
Hauptstücken derselben, welche das Wesentlichste sind für
den ganzen Zusammenhang. Ferner Bekanntschaft mit den
Hilfsmitteln, um sich jede jedesmal erforderliche Kenntnis
sofort zu verschaffen. Endlich Übung und Sicherheit in der
Anwendung der notwendigen Vorsichtsmaßregeln, um das=
jenige aufs beste und richtigste zu benutzen, was andere geleistet
haben.

Die beiden ersten Punkte werden häufig unter dem Titel theologische
Encyklopädie verbunden, auch wohl noch der dritte, nämlich die
theologische Bücherkunde, in dieselbe Pragmatie hineingezogen.
Der vierte ist ein Teil der kritischen Kunst, welcher nicht als
Disciplin ausgearbeitet ist, und über welchen sich überhaupt nur
wenige Regeln mitteilen lassen, sodaß er fast nur durch natür=
liche Anlage und Übung erworben werden kann.

§ 19. Jeder, der sich eine einzelne Disciplin in ihrer
Vollständigkeit aneignen will, muß sich die Reinigung und
Ergänzung dessen, was in ihr schon geleistet ist, zum Ziel
setzen.

Ohne ein solches Bestreben wäre er auch bei der vollständigsten
Kenntnis doch nur ein Träger der Überlieferung, welches die
am meisten untergeordnete und am wenigsten bedeutende Thätig=
keit ist.

§ 20. Die encyklopädische Darstellung, welche hier ge=
geben werden soll, bezieht sich nur auf das erste von den
oben (§ 18) nachgewiesenen allgemeinen Erfordernissen; nur
daß sie zugleich die einzelnen Disciplinen auf dieselbe Weise
behandelt wie das Ganze.

Eine solche Darstellung pflegt man eine formale Encyklopädie zu
nennen; wogegen diejenigen, welche materielle genannt werden,
mehr von dem Hauptinhalt der einzelnen Disciplinen einen kurzen
Abriß geben, mit der Darstellung ihrer Organisation aber es
weniger genau nehmen. — Insofern die Encyklopädie ihrer
Natur nach die erste Einleitung in das theologische Studium ist,
gehört allerdings dazu auch die Technik der Ordnung, nach welcher
bei diesem Studium zu verfahren ist, oder was man gewöhnlich

Methodologie nennt. Allein was sich hiervon nicht von selbst aus
der Darstellung des inneren Zusammenhanges ergiebt, das ist bei
dem Zustand unserer Lehranstalten sowohl als unserer Litteratur
zu sehr von Zufälligkeiten abhängig, als daß es lohnen könnte, auch
nur einen besonderen Teil unserer Disciplin daraus zu bilden.

§ 21. Es giebt kein Wissen um das Christentum, wenn
man, anstatt sowohl das Wesen desselben in seinem Gegensatz
gegen andere Glaubensweisen und Kirchen, als auch das
Wesen der Frömmigkeit und der frommen Gemeinschaften im
Zusammenhang mit den übrigen Thätigkeiten des mensch=
lichen Geistes zu verstehen, sich nur mit einer empirischen
Auffassung begnügt.

Daß das Wesen des Christentums mit einer Geschichte zusammen=
hängt, bestimmt nur die Art dieses Verstehens näher, kann aber
der Aufgabe selbst keinen Eintrag thun.

§ 22. Wenn fromme Gemeinschaften nicht als Verirrungen
angesehen werden sollen: so muß das Bestehen solcher Vereine
als ein für die Entwicklung des menschlichen Geistes not=
wendiges Element nachgewiesen werden können.

Das erste ist noch neuerlich in den Betrachtungen über das Wesen
des Protestantismus geschehen. Die Frömmigkeit selbst ebenso
ansehen ist der eigentliche Atheismus.

§ 23. Die weitere Entwicklung des Begriffs frommer
Gemeinschaften muß auch ergeben, auf welche Weise und in
welchem Maß die eine von der anderen verschieden sein kann,
imgleichen wie sich auf diese Differenzen das eigentümliche
der geschichtlich gegebenen Glaubensgenossenschaften bezieht.
Und hierzu ist der Ort in der Religionsphilosophie.

Der letztere Name, in diesem freilich noch nicht ganz gewöhnlichen
Sinne gebraucht, bezeichnet eine Disciplin, welche sich in Bezug
auf die Idee der Kirche zur Ethik ebenso verhält wie eine andere,
die sich auf die Idee des Staates, und noch eine andere, die sich
auf die Idee der Kunst bezieht.

§ 24. Alles was dazu gehört, um von diesen Grundlagen
aus sowohl das Wesen des Christentums, wodurch es eine

eigentümliche Glaubensweise ist, zur Darstellung zu bringen,
als auch die Form der christlichen Gemeinschaft und zugleich
die Art, wie beides sich wieder teilt und differentiiert, dieses
alles zusammen bildet den Teil der christlichen Theologie,
welchen wir die philosophische Theologie nennen.

> Die Benennung rechtfertigt sich teils aus dem Zusammenhang der
> Aufgabe mit der Ethik, teils aus der Beschaffenheit ihres In=
> halts, indem sie es größtenteils mit Begriffsbestimmungen zu
> thun hat. Eine solche Disciplin ist aber als Einheit noch nicht
> aufgestellt oder anerkannt, weil das Bedürfnis derselben, so wie
> sie hier gefaßt ist, erst aus der Aufgabe, die theologischen Wissen=
> schaften zu organisieren, entsteht. Der Stoff derselben ist aber
> schon in ziemlicher Vollständigkeit bearbeitet zufolge praktischer Be=
> dürfnisse, welche aus verschiedenen Zeitumständen erwuchsen.

§ 25. Der Zweck der christlichen Kirchenleitung ist sowohl
extensiv als intensiv zusammenhaltend und anbildend; und
das Wissen um diese Thätigkeit bildet sich zu einer Technik,
welche wir, alle verschiedenen Zweige derselben zusammen=
fassend, mit dem Namen der praktischen Theologie
bezeichnen.

> Auch diese Disciplin ist bisher sehr ungleich bearbeitet. In großer
> Fülle nämlich was die Geschäftsführung im einzelnen betrifft;
> hingegen was die Leitung und Anordnung im großen betrifft,
> nur sparsam, ja in disciplinarischem Zusammenhange nur für
> einzelne Teile.

§ 26. Die Kirchenleitung erfordert aber auch die Kenntnis
des zu leitenden Ganzen in seinem jedesmaligen Zustande,
welcher, da das Ganze ein geschichtliches ist, nur als Er=
gebnis der Vergangenheit begriffen werden kann; und diese
Auffassung in ihrem ganzen Umfang ist die historische
Theologie im weiteren Sinne des Wortes.

> Die Gegenwart kann nicht als Keim einer dem Begriff mehr ent=
> sprechenden Zukunft richtig behandelt werden, wenn nicht erkannt
> wird, wie sie sich aus der Vergangenheit entwickelt hat.

§ 27. Wenn die historische Theologie jeden Zeitpunkt in
seinem wahren Verhältnis zu der Idee des Christentums dar=

stellt: so ist sie zugleich nicht nur die Begründung der prak=
tischen, sondern auch die Bewährung der philosophischen
Theologie.

Beides natürlich um so mehr, je mannigfaltigere Entwicklungen
schon vorliegen. Daher war die Kirchenleitung anfangs mehr
Sache eines richtigen Instinkts, und die philosophische Theologie
manifestierte sich nur in wenig kräftigen Versuchen.

§ 28. Die historische Theologie ist sonach der eigentliche
Körper des theologischen Studiums, welcher durch die philo=
sophische Theologie mit der eigentlichen Wissenschaft, und
durch die praktische mit dem thätigen christlichen Leben zu=
sammenhängt.

Die historische Theologie schließt auch den praktischen Teil geschichtlich
in sich, indem die richtige Auffassung eines jeden Zeitraums auch
bekunden muß, nach was für leitenden Vorstellungen die Kirche
während desselben regiert worden. Und wegen des im § 27 auf=
gezeigten Zusammenhanges muß sich ebenso auch die philoso=
phische Theologie in der historischen abspiegeln.

§ 29. Wenn die philosophische Theologie als Disciplin
gehörig ausgebildet wäre, könnte das ganze theologische Stu=
dium mit derselben beginnen. Jetzt hingegen können die ein=
zelnen Teile derselben nur fragmentarisch mit dem Studium
der historischen Theologie gewonnen werden; aber auch dieses
nur, wenn das Studium der Ethik vorangegangen ist, welche
wir zugleich als die Wissenschaft der Principien der Geschichte
anzusehen haben.

Ohne die fortwährende Beziehung auf ethische Sätze kann auch das
Studium der historischen Theologie nur unzusammenhängende
Vorübung sein, und muß in geistlose Überlieferung ausarten;
woher sich großenteils der oft so verworrene Zustand der theo=
logischen Disciplinen und der gänzliche Mangel an Sicherheit in
der Anwendung derselben auf die Kirchenleitung erklärt.

§ 30. Nicht nur die noch fehlende Technik für die Kirchen=
leitung kann nur aus der Vervollkommnung der historischen
Theologie durch die philosophische hervorgehen, sondern selbst

die gewöhnliche Mitteilung der Regeln für die einzelne Ge=
schäftsführung kann nur als mechanische Vorschrift wirken,
wenn ihr nicht das Studium der historischen Theologie voran=
gegangen ist.

Aus der übereilten Beschäftigung mit dieser Technik entsteht die
Oberflächlichkeit in der Praxis, und die Gleichgiltigkeit gegen
wissenschaftliche Fortbildung.

§ 31. In dieser Trilogie, philosophische, historische und
praktische Theologie, ist das ganze theologische Studium be=
schlossen; und die natürlichste Ordnung für diese Darstellung
ist unstreitig die, mit der philosophischen Theologie zu be=
ginnen und mit der praktischen zu schließen.

Bei welchem Teile wir auch anfangen wollten: so würden wir immer
wegen des gegenseitigen Verhältnisses, in welchem sie miteinander
stehen, manches aus den anderen voraussetzen müssen.

Erster Teil.

Von der philosophischen Theologie.

***

Einleitung.

§ 32. Da das eigentümliche Wesen des Christentums sich ebensowenig rein wissenschaftlich konstruieren läßt, als es bloß empirisch aufgefaßt werden kann: so läßt es sich nur kritisch bestimmen (vergl. § 23) durch Gegeneinanderhalten dessen, was im Christentum geschichtlich gegeben ist, und der Gegensätze, vermöge deren fromme Gemeinschaften können voneinander verschieden sein.

> So wenig sich die Eigentümlichkeit einzelner Menschen konstruieren läßt, wenngleich allgemeine Rubriken für charakteristische Verschiedenheiten angegeben werden können: ebensowenig auch die Eigentümlichkeit solcher zusammengesetzter oder moralischer Persönlichkeiten.

§ 33. Die philosophische Theologie kann daher ihren Ausgangspunkt nur über dem Christentum in dem logischen Sinne des Wortes nehmen, d. h. in dem allgemeinen Begriff der frommen oder Glaubensgemeinschaft.

> Zufolge des vorigen nämlich kann überhaupt jede bestimmte Glaubensform und Kirche nur vermittelst ihrer Verhältnisse des Neben- und Nacheinanderseins zu anderen richtig verstanden werden; und dieser Ausgangspunkt ist insofern für alle analogen Disciplinen anderer Theologien derselbe, indem alle auf denselben höheren Begriff und auf eine Teilbarkeit desselben zurückgehen müssen, um jene Verhältnisse darzulegen.

§ 34. Wie sich irgend ein geschichtlich gegebener Zustand des Christentums zu der Idee desselben verhält, das bestimmt sich nicht allein durch den Inhalt dieses Zustandes, sondern auch durch die Art wie er geworden ist.

Beides ist allerdings durcheinander bedingt, indem verschieden be= schaffene Zustände aus demselben früheren nur können durch einen verschiedenen Prozeß hervorgegangen sein, und ebenso umgekehrt. Um so sicherer aber kann bald mehr das eine bald mehr das andere zur Auffindung jenes Verhältnisses benutzt werden. Und daß in einem lebendigen und geschichtlichen Ganzen nicht alle Zu= stände sich zu der Idee desselben gleich verhalten, versteht sich von selbst.

§ 35. Da die Ethik als Wissenschaft der Geschichts= principien auch die Art des Werdens eines geschichtlichen Ganzen nur auf allgemeine Weise darstellen kann: so läßt sich ebenfalls nur kritisch durch Vergleichung der dort auf= gestellten allgemeinen Differenzen mit dem geschichtlich ge= gebenen ausmitteln, was in der Entwicklung des Christen= tums reiner Ausdruck seiner Idee ist, und was hingegen als Abweichung hiervon, mithin als Krankheitszustand, angesehen werden muß.

Krankheitszustände giebt es in geschichtlichen Individuen nicht minder als in organischen; von untergeordneten Differenzen in der Ent= wicklung kann hier nicht die Rede sein.

§ 36. So oft das Christentum sich in eine Mehrheit von Kirchengemeinschaften teilt, welche doch auf denselben Namen christliche zu sein Ansprüche machen: so entstehen dieselben Aufgaben auch in Beziehung auf sie; und es giebt dann außer der allgemeinen, für jede von ihnen noch eine besondere philo= sophische Theologie.

Offenbar befinden wir uns in diesem Fall; denn wenn auch jede von diesen besonderen Gemeinschaften alle anderen für krankhaft gewordene Teile erklärte: so müßten doch von unserem Ausgangs= punkt (s. § 33) aus schon zum Behuf der ersten Aufgabe die Ansprüche aller jenem kritischen Verfahren anheimfallen. Unsere besondere philosophische Theologie ist daher protestantisch.

§ 37. Da die beiden hier — in § 32 und 35 — gestellten Aufgaben den Zweck der philosophischen Theologie erschöpfen: so ist diese ihrem wissenschaftlichen Gehalt nach Kritik, und sie gehört der Natur ihres Gegenstandes nach der geschichts= kundlichen Kritik an.

In der Lösung dieser Aufgaben ist nämlich alles enthalten, was der historischen Theologie sowohl als der praktischen in ihrer Be= ziehung zur Kirchenleitung zu Grunde liegen muß.

§ 38. Als theologische Disciplin muß der philosophischen Theologie ihre Form bestimmt werden durch ihre Beziehung auf die Kirchenleitung.

Das gilt natürlich auch von jeder speciellen philosophischen Theo= logie.

§ 39. Wie jeder in seiner Kirchengemeinschaft nur ist vermöge seiner Überzeugung von der Wahrheit der sich darin fortpflanzenden Glaubensweise: so muß die erhaltende Rich= tung der Kirchenleitung auch die Abzweckung haben, diese Überzeugung durch Mitteilung zur Anerkenntnis zu bringen. Hierzu bilden aber die Untersuchungen über das eigentüm= liche Wesen des Christentums und ebenso des Protestantismus die Grundlage, welche daher den apologetischen Teil der philosophischen Theologie ausmachen, jene der allgemeinen christlichen, diese der besonderen des Protestantismus.

Bei dieser Benennung ist an keine andere Verteidigung zu denken, als welche von der Anfeindung der Gemeinschaft abhalten will. Das Bestreben, auch andere in diese Gemeinschaft hineinzuziehen, ist eine klerikalische allerdings aus der Apologetik schöpfende Aus= übung; und eine Technik für dasselbe, die aber kaum anfängt sich zu bilden, wäre der zunächst auf der Apologetik beruhende Teil der praktischen Theologie.

§ 40. Da jeder nach Maßgabe der Stärke und Klar= heit seiner Überzeugung auch Mißfallen haben muß an den in seiner Gemeinschaft entstandenen krankhaften Abweichungen: so muß die Kirchenleitung vermöge ihrer intensiv zusammen=

haltenden Richtung (§ 25) zunächst die Abzweckung haben,
diese Abweichungen als solche zum Bewußtsein zu bringen.
Dies kann nur vermöge richtiger Darstellung von dem Wesen
des Christentums und so auch des Protestantismus geschehen,
welche daher in dieser Anwendung den polemischen Teil der
philosophischen Theologie bilden, jene der allgemeinen, diese
der besonderen protestantischen.

Die klerikalische Praxis, welche auf die Beseitigung der Krankheits=
zustände ausgeht, hat hier ihre Principien: und die Technik der=
selben wäre der zunächst auf die Polemik zurückgehende Teil der
praktischen Theologie.

§ 41. So wie die Apologetik ihre Richtung ganz nach
außen nimmt, so die Polemik die ihrige durchaus nach innen.

Die weit gewöhnlicher sogenannte nach außen gekehrte besondere
Polemik der Protestanten z. B. gegen die Katholiken, und ebenso
die allgemeine der Christen gegen die Juden oder auch die Deisten
und Atheisten, ist ebenfalls eine im weiteren Sinne des Wortes
klerikalische Ausübung, welche einerseits mit unserer Disciplin
nichts gemein hat, anderseits auch schwerlich von einer wohl
bearbeiteten praktischen Theologie als heilsam dürfte anerkannt
werden. Man könnte allerdings behaupten, diese Ausübung müsse
nur nicht als eine protestantische angesehen werden, sondern als
eine allgemein christliche, so habe sie ihre Richtung auch nach
innen. Allein dann ginge sie auch nicht, wie es doch immer
gemeint ist, gegen den Katholicismus im ganzen, sondern nur
gegen dasjenige darin, was nicht seiner eigentümlichen Form
angehört, sondern als Krankheitszustand des Christentums zu be=
trachten ist.

§ 42. Da nun die philosophische Theologie keine weiteren
Aufgaben enthält: so ist im folgenden zu handeln von der
Organisation der Apologetik und der Polemik, und zwar der all=
gemeinen christlichen sowohl als der besonderen protestantischen.

Entweder also zuerst von der allgemeinen philosophischen Theologie
in ihren beiden Teilen, und dann ebenso von der besonderen;
oder zuerst von der Apologetik der allgemeinen und besonderen,
und dann ebenso von der Polemik. Die letztere Anordnung ist
vorgezogen worden.

Erster Abschnitt.

Grundsätze der Apologetik.

§ 43. Da der Begriff frommer Gemeinschaften oder der Kirche sich nur in einem Inbegriff nebeneinander bestehender und aufeinander folgender geschichtlicher Erscheinungen ver= wirklicht, welche in jenem Begriff eins, unter sich aber ver= schieden sind: so muß auch von dem Christentum durch Dar= legung sowohl jener Einheit als dieser Differenz nachgewiesen werden, daß es in jenen Inbegriff gehört. Dies geschieht mittels Aufstellung und Gebrauchs der Wechselbegriffe des natürlichen und positiven.

Die Aufstellung dieser Begriffe, wovon jener das gemeinsame aller, dieser die Möglichkeit verschiedener eigentümlicher Gestaltungen desselben aussagt, gehört eigentlich der Religionsphilosophie an; daher dieselben auch gleich giltig sind für die Apologetik jeder frommen Gemeinschaft. Könnte nun auf diese Weise auf die Religionsphilosophie bezogen werden; so bliebe für die christliche Apologie hiervon nur übrig was der folgende Paragraph enthält.

§ 44. Auf den Begriff des positiven zurückgehend, muß dann für das eigentümliche Wesen des Christentums eine Formel aufgestellt und mit Beziehung auf das Eigentümliche anderer frommen Gemeinschaften unter jenen Begriff subsumiert werden.

Dies ist zwar die Grundaufgabe der Apologetik; aber je mehr eine solche Formel nur durch ein kritisches Verfahren (vergl. § 32) ge= funden werden kann, um desto mehr kann sie sich erst im Gebrauch vollständig bewähren.

§ 45. Das Christentum muß seinen Anspruch auf ab= gesondertes geschichtliches Dasein auch geltend machen durch die Art und Weise seiner Entstehung; und dieses geschieht durch Beziehung auf die Begriffe und Offenbarung, Wunder und Eingebung.

Je mehr auf urſprüngliche Thatſachen zurückgehend, deſto größeres
Anrecht auf Selbſtändigkeit, und umgekehrt; wie dasſelbe auch
bei anderen Arten der Gemeinſchaft ſtattfindet.

§ 46. Wie aber die geſchichtliche Darſtellung der Jdee
der Kirche auch als fortlaufende Reihe anzuſehen iſt: ſo muß
ungeachtet des §§ 43 und 44 Geſagten doch auch die ge=
ſchichtliche Stätigkeit in der Folge des Chriſtentums auf das
Judentum und Heidentum nachgewieſen werden, welches
durch Anwendung der Begriffe Weisſagung und Vorbild ge=
ſchieht.

Das rechte Maß in Feſtſtellung und Gebrauch dieſer Begriffe iſt
vielleicht die höchſte Aufgabe der Disciplin; und je vollkommener
gelöſt, deſto feſtere Grundlage hat die von außen anbildende Aus=
übung.

§ 47. Da die chriſtliche Kirche wie jede geſchichtliche
Erſcheinung ein ſich Veränderndes iſt: ſo muß auch nachgewieſen
werden, wie durch dieſe Veränderungen die Einheit des
Weſens dennoch nicht gefährdet wird. Dieſe Unterſuchung
umfaßt die Begriffe Kanon und Sakrament.

Die Apologetik hat es mit den dogmatiſchen Theorien über beide
nicht zu thun; indem dieſe hier nicht anticipiert werden können.
Beide Thatſachen aber beziehen ſich ihrem Begriff nach auf die
Stätigkeit des Weſentlichen im Chriſtentume, der erſte wie ſie ſich
in der Produktion der Vorſtellung, der andere wie ſie ſich in der
Überlieferung der Gemeinſchaft ausſpricht.

§ 48. Wie der Begriff der Kirche ſich wiſſenſchaftlich
nur ergiebt im Zuſammenhang (vergl. § 22) mit denen aller
anderen aus dem Begriff der Menſchheit ſich entwickelnden
Organiſationen gemeinſamen Lebens: ſo muß nun auch von
der chriſtlichen Kirche nachgewieſen werden, daß ſie ihrem eigen=
tümlichen Weſen nach mit allen jenen Organiſationen zuſammen=
beſtehen kann, welches ſich aus richtiger Erörterung der Be=
griffe Hierarchie und Kirchengewalt ergeben muß.

Vorzüglich kommen hier in Betracht der Staat und die Wiſſenſchaft.
Denn niemand könnte zugemutet werden, die Giltigkeit des

Christentums anzuerkennen, wenn es durch sein Wesen einem von
diesen entgegenstrebte. Die Aufgabe ist daher um so vollständiger
gelöst, je bestimmter gezeigt werden kann, daß diese inneren In-
stitutionen der Kirche ihrem Begriffe nach nur die unabhängige
Entwicklung derselben im Zusammenhang mit Staat und Wissenschaft bezwecken, nicht aber die gleich unabhängige Entwicklung
jener zu stören meinen. Alles hierüber in die praktische Theologie gehörige bleibt hier ausgeschlossen.

§ 49. Je mehr in allen diesen Untersuchungen auf beides
Bezug genommen wird, sowohl darauf, daß das Christentum
als organische Gemeinschaft bestehen will, als auch darauf,
daß es sich vorzüglich durch den Gedanken darstellt und mitteilt (vergl. § 2), um desto mehr müssen sie den Grund zu
der Überzeugung legen, daß auch von Anfang an (vergl. § 44)
das Wesen des Christentums richtig ist aufgefaßt worden.

> Wenn sich doch in allem, was sich auf Lehre und Verfassung be-
> zieht, dasselbe Wesen des Christentums übereinstimmend mit der
> aufgestellten Formel ausspricht: so ist dies die beste Bewährung
> für diese.

§ 50. Befindet sich die Kirche in einem Zustande der
Teilung, so muß die specielle Apologetik einer jeden Kirchenpartei, mithin jetzt auch die protestantische, denselben Gang
einschlagen wie die allgemeine.

> Denn die Aufgabe ist dieselbe, und das Verhältnis jeder einzelnen
> Kirchenpartei zu den übrigen gleich dem des Christentums zu den
> anderen verwandten Glaubensgemeinschaften. Die in § 47 ge-
> forderte Nachweisung führt auf die Begriffe von Konfession und
> Ritus, und bei der in § 48 beschriebenen kommt es vorzüglich
> auf das Verhältnis zum Staat an.

§ 51. Auch die allgemeine christliche Apologetik wird
in diesem Fall von der Ansicht jeder besonderen Gestaltung
des Christentums affiziert, sich in jeder eigentümlich gestalten.

> Dies wird allerdings um desto weniger der Fall sein, je strenger
> aus der Erörterung alles Dogmatische ausgeschieden wird. Nie-
> mals aber darf es so weit gehen, daß jede nur sich selbst als
> Christentum zur Anerkenntnis bringen will, die anderen aber

als unchristlich darstellt. Wofür schon durch die Scheidung der allgemeinen und besonderen Apologetik gesorgt werden soll.

§ 52. Da mehrere im Gegensatz miteinander stehende christliche Kirchengemeinschaften sich nur bilden konnten aus einem Zustande des Ganzen, in welchem kein Gegensatz aus= gesprochen war: so hat sich jede um so mehr gegen den Vor= wurf der Anarchie oder der Korruption zu verteidigen, als auch jede wieder geneigt ist, von sich selbst zu behaupten, daß sie an den ursprünglichen Zustand anknüpfe.

Weder war im ursprünglichen Christentum ein Gegensatz aus= gesprochen, noch kann jemals ein Gegensatz an die Stelle eines anderen treten, ohne daß jener vorher verschwunden wäre.

§ 53. Da eben deshalb jeder Gegensatz dieser Art inner= halb des Christentums auch dazu bestimmt erscheint, wieder zu verschwinden: so wird die Vollkommenheit der speciellen Apologetik darin bestehen, daß sie divinatorisch auch die Formen für dieses Verschwinden mit in sich schließt.

Eine prophetische Tendenz soll hierdurch der speciellen Apologetik keineswegs beigelegt werden. Aber je richtiger in dieser Beziehung das eigentümliche Wesen des Protestantismus aufgefaßt ist, um desto haltbarere Gründe wird die specielle Apologetik darbieten, um falsche Unionsversuche abzuwehren, da jeder auf der Voraus= setzung beruht, der Gegensatz sei schon in einem gewissen Grade verschwunden.

Zweiter Abschnitt.
Grundsätze der Polemik.

§ 54. Krankhafte Erscheinungen eines geschichtlichen Orga= nismus (vergl. § 35) können teils in zurücktretender Lebens= kraft gegründet sein, teils darin, daß sich beigemischtes Fremd= artige in demselben für sich organisiert.

Es ist nicht nötig, hierbei auf die Analogie mit dem animalischen Organismus zurückzugehen; derselbe Typus kann auch schon an den Krankheiten der Staaten zur Anschauung gebracht werden.

§ 55. Da der Trieb die christliche Frömmigkeit zum Gegenstand einer Gemeinschaft zu machen nicht notwendig in gleichem Verhältnis steht mit der Stärke dieser Frömmigkeit selbst: so kann bald mehr das eine von beiden geschwächt sein und zurücktreten, bald mehr das andere.

Beides in der höchsten Vollkommenheit vereinigt, bildet freilich den normalen Gesundheitszustand der Kirche, der aber während ihres geschichtlichen Verlaufs nirgend vorausgesetzt werden kann. Eben daraus aber, daß dieser Gesundheitszustand nur als die vollständige Einheit jenes zwiefachen beschrieben werden kann, folgt schon, daß einseitige Abweichungen nach beiden Seiten hin möglich sind.

§ 56. Diejenigen Zustände, durch welche sich vorzüglich offenbart, daß die christliche Frömmigkeit selbst krankhaft geschwächt ist, werden unter dem Namen Indifferentismus zusammengefaßt; und die Aufgabe ist daher zu bestimmen, wo das, was als eine solche Schwächung erscheint, wirklich beginnt krankhaft zu sein, und in wie mancherlei Gestalten dieser Zustand sich darstellt.

Es ist die gewöhnliche Bedeutung dieses Ausdrucks, Gleichgiltigkeit in Bezug auf das eigentümliche Gepräge der christlichen Frömmigkeit darunter zu verstehen; wobei allerdings noch Frömmigkeit ohne bestimmtes Gepräge stattfinden kann. — Außerdem aber werden häufig Zustände auf Rechnung einer solchen Schwäche geschrieben, die ganz anders zu erklären sind. — Daß bei wirklichem Indifferentismus auch der christliche Gemeinschaftstrieb geschwächt sein muß, ist natürlich; dies ist aber dann nur Folge der Krankheit, nicht Ursache derselben.

§ 57. Diejenigen Zustände, welche vornehmlich auf geschwächten Gemeinschaftstrieb deuten, werden durch den Namen Separatismus bezeichnet, welcher also ebenfalls in seinen Grenzen und seiner Gliederung genauer zu bestimmen ist.

Genauer, als gewöhnlich geschieht, ist zu unterscheiden zwischen eigentlichem Separatismus und Neigung zum Schisma; zumal jener ungeachtet seiner gänzlichen Negativität oft den Schein von dieser annimmt. Offenbar ist, daß der Gemeinschaftstrieb, wenn er in seiner vollen Stärke vorhanden ist, auch alle Glieder durch=

2*

dringen muß. Er iſt alſo deſto mehr geſchwächt, je mehrere ſich
bewußt und abſichtlich ausſchließen, ungeachtet ſie dieſelbe chriſt=
liche Frömmigkeit zu beſitzen behaupten.

§ 58. Da das eigentümliche Weſen des Chriſtentums
ſich vorzüglich ausſpricht einerſeits in der Lehre und ander=
ſeits in der Verfaſſung: ſo kann ſich in der Kirche auch
Fremdartiges organiſieren teils in der Lehre als Ketzerei,
Häreſis, teils in der Verfaſſung als Spaltung, Schisma;
und beides iſt daher in ſeinen Grenzen und Geſtaltungen zu
beſtimmen.

In den meiſten Fällen, jedoch nicht notwendig, wird, wenn ſich
eine abweichende Lehre verbreitet, daraus auch eine beſondere Ge=
meinſchaft entſtehen; allein dieſe iſt als bloße Folge jenes Zu=
ſtandes nicht eigentliche Spaltung. Ebenſo wird ſich innerhalb
einer Spaltung größtenteils, jedoch nicht notwendig, auch ab=
weichende Lehre entwickeln; allein dieſe braucht deshalb nicht
häretiſch zu ſein.

§ 59. Alle hier aufgeſtellten Begriffe können weder bloß
empiriſch gefunden noch rein wiſſenſchaftlich abgeleitet werden,
ſondern nur durch das hier überall vorherrſchende kritiſche
Verfahren feſtgeſtellt; weshalb ſie ſich durch den Gebrauch
immer mehr bewähren müſſen, um ganz zuverläſſig zu
werden.

In Bezug auf Spaltung und Ketzerei muß wegen der großen
Mannigfaltigkeit der Erſcheinungen dies Verfahren auf einer
Klaſſifikation beruhen, welche ſich dadurch bewährt, daß die vor=
handenen Erſcheinungen mit Leichtigkeit darunter ſubſumiert werden
können. In Bezug auf Indifferentismus und Separatismus be=
währt es ſich deſto mehr, je mehr es hindert, daß nicht durch
allzugroße Strenge für krankhaft erklärt werde was noch geſund
iſt, und umgekehrt.

§ 60. Was als krankhaft aufgeſtellt wird, davon muß
nachgewieſen werden teils ſeinem Inhalte nach, daß es dem
Weſen des Chriſtentums, wie ſich dieſes in Lehre und Ver=
faſſung ausgedrückt hat, widerſpricht oder es auflöſt, teils
ſeiner Entſtehung nach, daß es nicht mit der von den Grund=

thatsachen des Christentums ausgehenden Entwicklungsweise zusammenhängt.

Je mehr beides zusammentrifft und sich gegenseitig erklärt, um desto sicherer erscheint die Bestimmung.

§ 61. In Zeiten, wo die christliche Kirche geteilt ist, hat jede specielle Polemik einer besonderen christlichen Kirchengemeinschaft denselben Weg zu verfolgen wie die allgemeine.

Die Sachverhältnisse sind dieselben. Nur daß einerseits in solchen Zeiten natürlich Indifferentismus und Separatismus ursprünglich in den partiellen Kirchengemeinschaften einheimisch sind, und nur insofern allgemeine Übel werden, als sie sich in mehreren nebeneinander bestehenden christlichen Gemeinschaften gleichmäßig vorfinden, anderseits aber, was nur dem eigentümlichen Wesen einer partiellen Gemeinschaft widerspricht, nie sollte durch den Ausdruck häretisch oder schismatisch bezeichnet werden.

§ 62. Da die ersten Anfänge einer Ketzerei allemal als Meinungen einzelner auftreten, und die einer Spaltung als Verbrüderungen einzelner; eine neue partielle Kirchengemeinschaft aber auch nicht füglich anders als ebenso zuerst erscheinen kann: so müssen die Grundsätze der Polemik, wenn vollkommen ausgebildet, Mittel an die Hand geben, um schon an solchen ersten Elementen zu unterscheiden, ob sie in krankhafte Zustände ausgehen werden, oder ob sie den Keim zur Entwicklung eines neuen Gegensatzes in sich schließen.

Wie überhaupt dieser Satz gleichlautend ist mit § 53, so ist auch hier dasselbe wie dort zu bemerken, in Bezug nämlich auf falsche Toleranz gegen das Krankhafte einerseits, und anderseits auf Beantwortung der billigen Freiheit für dasjenige, was sich neu zu differentiieren im Begriff steht.

Schlußbetrachtungen

über die philosophische Theologie.

§ 63. Beide Disciplinen, Apologetik und Polemik, wie sie sich gegenseitig ausschließen, bedingen sich auch gegenseitig.

Sie schließen sich aus durch ihren entgegengesetzten Inhalt (vergl. § 39 und 40) und durch ihre entgegengesetzte Richtung (vergl. § 41). Sie bedingen sich gegenseitig, weil Krankhaftes in der Kirche nur erkannt werden kann in Bezug auf eine bestimmte Vorstellung von dem eigentümlichen Wesen des Christentums, und weil zugleich bei den Untersuchungen, durch welche diese Vorstellung begründet wird, auch die krankhaften Erscheinungen vorläufig mit unter das Gegebene aufgenommen werden müssen, welches bei dem kritischen Verfahren zum Grunde gelegt werden muß.

§ 64. Beide Disciplinen können daher nur durcheinander und miteinander zu vollkommener Entwicklung gelangen.

Eben deshalb nur durch Annäherung und nur nach mancherlei Umgestaltungen. Vergl. § 51, indem das dort Gesagte auch für die Polemik gilt.

§ 65. Die philosophische Theologie setzt zwar den Stoff der historischen als bekannt voraus, begründet aber selbst erst die eigentlich geschichtliche Anschauung des Christentums.

Jener Stoff ist das gegebene (vergl. § 32), welches sowohl den Untersuchungen über das eigentümliche Wesen des Christentums als auch denen über den Gegensatz des gesunden und krankhaften (vergl. § 35) zum Grunde liegt. Das Resultat dieser Untersuchungen bestimmt aber erst den Entwicklungswert der einzelnen Momente, mithin die geschichtliche Anschauung des ganzen Verlaufs.

§ 66. Die philosophische Theologie und die praktische stehen auf der einen Seite gemeinschaftlich der historischen gegenüber, auf der anderen Seite aber auch eine der anderen.

Jenes, weil die beiden ersten unmittelbar auf die Ausübung ge=
richtet sind, die historische Theologie aber rein auf die Betrachtung.
Denn wenngleich Apologetik und Polemik allerdings Theorien
sind, von denen man apologetische und polemische Leistungen wohl
zu unterscheiden hat: so vollenden sie doch erst in diesen ihre Be=
stimmung, und werden nur um dieser willen aufgestellt. — Beide
aber stehen einander gegenüber teils als Erstes und Letztes, indem
die philosophische Theologie erst den Gegenstand fixiert, den die
praktische zu behandeln hat, teils weil die philosophische sich an
rein wissenschaftliche Konstruktionen anschließt, die praktische hin=
gegen in das Gebiet des Besonderen und Einzelnen als Technik
eingreift.

§ 67. Da die philosophische Theologie eines jeden wesent=
lich die Principien seiner gesamten theologischen Denkungsart
in sich schließt: so muß auch jeder Theologe sie ganz für sich
selbst produzieren.

Hierdurch soll keineswegs irgend einem Theologen benommen werden,
sich zu einer von einem anderen herrührenden Darstellung der
philosophischen Theologie zu bekennen; nur muß sie von Grund
aus als klare und feste Überzeugung angeeignet sein. Vornehmlich
aber wird gefordert, daß die philosophische Theologie in jedem
ganz und vollständig sei, ohne für diesen Teil den in §§ 14—17
gemachten Unterschied zu berücksichtigen; weil nämlich hier alles
grundsätzlich ist, und jedes auf das genaueste mit allem zusammen=
hängt. Daß aber alle theologischen Principien in diesem Teile
des Ganzen ihren Ort haben, geht aus § 65 und 66 un=
mittelbar hervor.

§ 68. Beide Disciplinen der philosophischen Theologie
sehen ihrer Ausbildung noch entgegen.

Die Thatsache begreift sich zum Teil schon aus den hier aufgestellten
Verhältnissen. Teils auch bezog man einerseits die Apologetik zu
genau und ausschließend auf die eigentlich apologetischen Leistungen,
zu denen sich die Veranlassungen nur von Zeit zu Zeit ergaben,
wogegen die hierher gehörigen Sätze nicht ohne bedeutenden Nach=
teil für die klare Übersicht des ganzen Studiums in den Ein=
leitungen zur Dogmatik ihren Ort fanden. Erst in der neuesten

Zeit hat man angefangen, fie in ihrer allgemeineren Abzweckung und ihrem wahren Umfange nach wieder befonders zu bearbeiten. Die Polemik anderfeits hatte, vorzüglich weil man ihre Rich= tung verkannte, fchon feit geraumer Zeit aufgehört als theologifche Disciplin bearbeitet und überliefert zu werden.

Zweiter Teil.

Von der historischen Theologie.

Einleitung.

§ 69. Die historische Theologie (vergl. § 26) ist ihrem Inhalte nach ein Teil der neueren Geschichtskunde; und als solchem sind ihr alle natürlichen Glieder dieser Wissenschaft koordiniert.

Sie gehört vornehmlich der inneren Seite der Geschichtskunde, der neueren Bildungs- und Sittengeschichte an, in welcher das Christentum offenbar eine eigene Entwicklung eingeleitet hat. Denn dasselbe nur als eine reine Quelle von Verkehrtheiten und Rückschritten darstellen, ist eine veraltete Ansicht.

§ 70. Als theologische Disciplin ist die geschichtliche Kenntnis des Christentums zunächst die unnachläßliche Bedingung alles besonnenen Einwirkens auf die weitere Fortbildung desselben, und in diesem Zusammenhange sind ihr dann die übrigen Teile der Geschichtskunde nur dienend untergeordnet.

Hieraus ergiebt sich schon wie verschieden das Studium und die Behandlungsweise derselben Masse von Thatsachen ausfallen, wenn sie ihren Ort in unserer theologischen Disciplin haben, und wenn in der allgemeinen Geschichtskunde, ohne daß jedoch die Grundsätze der geschichtlichen Forschung aufhörten, für beide Gebiete dieselben zu sein.

§ 71. Was in einem geschichtlichen Gebiet als einzelner Moment hervortritt, kann entweder als plötzliches Entstehen angesehen werden, oder als allmähliche Entwicklung und weitere Fortbildung.

In dem Gebiete des einzelnen Lebens ist jeder Anfang ein plötz=
liches Entstehen, von da an aber alles andere nur Entwicklung.
Auf dem eigentlich geschichtlichen Gebiet aber, dem des gemein=
samen Lebens, ist beides einander nicht streng entgegengesetzt, und
nur des Mehr und Minder wegen wird der eine Moment auf diese,
der andere auf die entgegengesetzte Weise betrachtet.

§ 72. Der Gesamtverlauf eines jeden geschichtlichen
Ganzen ist ein mannigfaltiger Wechsel von Momenten bei=
derlei Art.

Nicht als ob es an und für sich unmöglich wäre, daß ein ganzer
Verlauf als fortgehende Entwicklung von einem Anfangspunkte
aus angesehen werden könnte. Allein wir dürfen nur entweder
die Kraft selbst auch als ein Mannigfaltiges ansehen können,
deſſen Elemente nicht alle gleichzeitig zur Erscheinung kommen,
oder wir dürfen nur in der Entwicklung selbst Differenzen schnellerer
und langsamerer Fortschreitung wahrnehmen können, und nicht
leicht wird eines von beiden fehlen: so sind wir schon genötigt,
Zwischenpunkte von dem entgegengesetzten Charakter anzunehmen.

§ 73. Eine Reihe von Momenten, · in denen ununter=
brochen die ruhige Fortbildung überwiegt, stellt einen geord=
neten Zustand dar und bildet eine geschichtliche Periode; eine
Reihe von solchen, in denen das plötzliche Entstehen überwiegt,
stellt eine zerstörende Umkehrung der Verhältnisse dar und
bildet eine geschichtliche Epoche.

Je länger der letztere Zustand dauerte, um desto weniger würde die
Selbigkeit des Gegenstandes festgehalten werden können, weil aller
Gegensatz zwischen Bleibendem und Wechselndem aufhört. Daher
je länger der Gegenstand als einer und derselbe feststeht, um desto
mehr überwiegen die Zustände der ersten Art.

§ 74. Jedes geschichtliche Ganze läßt sich nicht nur als
Einheit betrachten, sondern auch als ein Zusammengesetztes,
deſſen verschiedene Elemente, wenngleich nur in untergeord=
netem Sinn und in fortwährender Beziehung aufeinander,
jedes seinen eigenen Verlauf haben.

Solche Unterscheidungen bieten sich überall unter irgend einer Form
dar; und sie werden mit desto größerem Recht hervorgehoben,
je mehr der eine Teil zu ruhen scheint, während der andere

sich bewegt, und also beide relativ unabhängig voneinander er=
scheinen.

§ 75. Es giebt daher, um das unendliche Materiale
eines geschichtlichen Verlaufs zu übersichtlicher Anschaulichkeit
zusammenzufassen, ein zwiefaches Verfahren. Entweder man
teilt den ganzen Verlauf nach Maßgabe der sich ergebenden
revolutionären Zwischenpunkte in mehrere Perioden, und faßt
in jeder alles, was sich an dem Gegenstande begeben hat,
zusammen; oder man teilt den Gegenstand der Breite nach,
sodaß sich mehrere parallele Reihen ergeben, und verfolgt
den Verlauf einer jeden besonders durch die ganze Zeitlänge.

Natürlich lassen sich auch beide Einteilungen verbinden, indem
man die eine der anderen unterordnet, sodaß entweder jede Periode
in parallele Reihen geteilt, oder jede Hauptreihe für sich wieder
in Perioden zerschnitten wird. Das darstellende Verfahren ist
desto unvollkommener, je mehr bei diesen Einteilungen will=
kürlich verfahren wird, oder je mehr man dabei wenigstens
nur Äußerlichkeiten zum Grunde legt.

§ 76. Ein geschichtlicher Gegenstand postuliert überwiegend
die erste Teilungsart, je weniger unabhängig voneinander seine
verschiedenen Glieder sich fortbilden, und je stärker dabei
revolutionäre Entwicklungsknoten hervorragen; und wenn um=
gekehrt, dann die andere.

Denn in letzterem Falle ist eine ursprüngliche Gliederung vor=
herrschend, im ersten eine starke Differenz im Charakter ver=
schiedener Zeiten.

§ 77. Je stärker in einem geschichtlichen Verlauf der
Gegensatz zwischen Perioden und Epochen hervortritt, um
desto schwieriger ist es in Darstellung der letzteren, aber desto
leichter in der der ersteren, die verschiedenen Elemente (§ 74)
voneinander zu sondern.

Denn in Zeiten der Umbildung ist alle Wechselwirkung lebendiger
und alles einzelne abhängiger von einem gemeinsamen Impuls;
wogegen der ruhige Verlauf das Hervortreten der Gliederung be=
günstigt.

§ 78. Da nicht nur im allgemeinen der Gesamtverlauf aller menschlichen Dinge, sondern auch in diesem die ganze Folge von Äußerungen einer und derselben Kraft ein Ganzes bildet: so kann jedes Hervortreten eines kleineren geschicht= lichen Ganzen auf zwiefache Weise angesehen werden, ein= mal als Entstehen eines neuen noch nicht Dagewesenen, dann aber auch als Ausbildung eines schon irgendwie Vor= handenen.

> Dies erhellt schon aus § 71. Was während des Zeitverlaufs in Bezug auf alles schon neben ihm Fortlaufende allerdings als ein Neues zu betrachten ist, kann doch mit irgend einem früheren Moment auf genauere Weise als mit allen übrigen zusammen= gehören.

§ 79. So kann auch der Verlauf des Christentums auf der einen Seite behandelt werden als eine einzelne Periode eines Zweiges der religiösen Entwicklung; dann aber auch als ein besonders geschichtliches Ganzes, das als ein Neues entsteht, und abgeschlossen für sich in einer Reihe durch Epochen getrennter Perioden verläuft.

> Daß hier ausdrücklich nur von einem Zweige der religiösen Ent= wicklung die Rede ist, geht auf § 74 zurück. Wie man die große Mannigfaltigkeit religiöser Gestaltungen auch gruppiere, immer werden einige auch zum Christentum ein solches näheres Verhältnis haben, daß sie eine Gruppe mit demselben bilden können.

§ 80. Die historische Theologie, wie sie sich als theo= logische Disciplin ganz auf das Christentum bezieht, kann sich nur die letzte Behandlungsweise aneignen.

> Man vergleiche § 69 und 70. Außerdem aber könnte der christ= liche Glaube nicht sein was er ist, wenn die Grundthatsache des= selben nicht ausschließend als ein Ursprüngliches gesetzt wird.

§ 81. Von dem konstitutiven Princip der Theologie aus den geschichtlichen Stoff des Christentums betrachtet, steht in dem unmittelbarsten Bezug auf die Kirchenleitung die ge= schichtliche Kenntnis des gegenwärtigen Momentes, als aus welchem der künftige soll entwickelt werden. Diese mithin bildet einen besonderen Teil der historischen Theologie.

Um richtig und angemessen sowohl auf Gesundes und Krankes einzuwirken als auch zurückgebliebene Glieder nachzufördern, und um aus fremden Gebieten Anwendbares für das eigene zu benutzen.

§ 82. Da aber die Gegenwart nur verstanden werden kann als Ergebnis der Vergangenheit: so ist die Kenntnis des gesamten früheren Verlaufs ein zweiter Teil der historischen Theologie.

Dies ist nicht so zu verstehen, als ob dieser Teil etwa eine Hilfswissenschaft wäre für jenen ersten; sondern beide verhalten sich auf dieselbe Weise zur Kirchenleitung, und sind einander nicht untergeordnet, sondern beigeordnet.

§ 83. Je mehr ein geschichtlicher Verlauf in der Verbreitung begriffen ist, sodaß die innere Lebenseinheit je weiter hin desto mehr nur im Zusammenstoß mit anderen Kräften erscheint: um desto mehr haben diese auch teil an den einzelnen Zuständen; sodaß nur in den frühesten das eigentümliche Wesen am reinsten zur Anschauung kommt.

Auch das gilt ebenso von allen verwandten geschichtlichen Erscheinungen, und ist der eigentliche Grund warum so viele Völker mißverständlich die früheste Periode des Lebens der Menschheit als die Zeit der höchsten Vollkommenheit ansehen.

§ 84. Da nun auch das christliche Leben immer zusammengesetzter und verwickelter geworden ist, der letzte Zweck seiner Theologie aber darin besteht, das eigentümliche Wesen desselben in jedem künftigen Augenblick reiner darzustellen: so hebt sich natürlich die Kenntnis des Urchristentums als ein dritter besonderer Teil der historischen Theologie hervor.

Allerdings ist auch das Urchristentum schon in dem Gesamtverlauf mit enthalten; allein ein anderes ist, es als eine Reihe von Momenten zu behandeln, und ein anderes, nur dasjenige zur Betrachtung zu ziehen, auch aus verschiedenen Momenten, woraus der reine Begriff des Christentums dargestellt werden kann.

§ 85. Die historische Theologie ist in diesen drei Teilen, Kenntnis des Urchristentums, Kenntnis von dem Gesamt-

verlauf des Christentums, und Kenntnis von seinem Zustand
in dem gegenwärtigen Augenblick, vollkommen beschlossen.

Nur ist nicht die Ordnung, in welcher wir sie abgeleitet haben, auch
die richtige für das Studium selbst. Sondern die Kenntnis des
Urchristentums als zunächst der philosophischen Theologie sich an=
schließend, ist das erste, und die Kenntnis des gegenwärtigen
Augenblicks, als unmittelbar den Übergang in die praktische Theo=
logie bildend, ist das letzte.

§ 86. Wie für jeden Teil der Geschichtskunde alles
Hilfswissenschaft ist, was die Kenntnis des Schauplatzes und
der äußeren Verhältnisse des Gegenstandes erleichtert, und
was zum Verstehen der Monumente aller Art gehört: so zieht
auch die historische Theologie zunächst die übrigen Teile des=
selben Geschichtsgebietes (vergl. § 40), dann aber noch alles
was zum Verständnis der Dokumente gehört, als Hilfswissen=
schaft herbei.

Diese Hilfskenntnisse sind mithin teils historisch im engeren Sinne,
teils geographisch, teils philologisch.

§ 87. Das Urchristentum ist in Bezug auf jene normale
Behandlung desselben gegen den weiteren geschichtlichen Ver=
lauf nicht füglich anders abzugrenzen, als daß unter jenem
der Zeitraum verstanden wird, worin Lehre und Gemeinschaft
in ihrer Beziehung aufeinander erst wurden, und noch nicht
in ihrer Abschließung schon waren.

Auch diese Bestimmung jedoch könnte leicht zu weit ausgedehnt
werden, weil Lehre und Gemeinschaft in Bezug aufeinander immer
im Werden begriffen bleiben; und eine feste Grenze entsteht zu=
nächst nur, wenn man jede Zeit ausschließt, in der es schon
Differenz der Gemeinschaft um einer Differenz der Lehre willen
gab. Aber auch zu enge Schranken könnte man unserer Be=
stimmung geben, wenn man davon ausgeht, daß schon seit dem
Pfingsttage eine abgeschlossene Gemeinschaft bestand; und eine an=
gemessene Erweiterung entsteht nur, wenn man bevorwortet, die
eigentlich christliche Gemeinschaft sei erst abgeschlossen worden, als
mit Bewußtsein und allgemeiner Anerkennung Juden und Heiden
in derselben vereint waren, und ähnliches gilt auch von der Lehre.

So treffen beide Bestimmungen ziemlich zusammen mit der mehr äußerlichen des Zeitalters der unmittelbaren Schüler Christi.

§ 88. Da die für den angegebenen Zweck auszusondernde Kenntnis des Urchristentums nur aus den schriftlichen Dokumenten, die in diesem Zeitraum der christlichen Kirche entstanden sind, kann gewonnen werden, und ganz auf dem richtigen Verständnis dieser Schriften beruht: so führt diese Abteilung der historischen Theologie auch insbesondere den Namen der exegetischen Theologie.

Da auch in den anderen beiden Abteilungen das meiste auf Auslegung beruht: so ist die Benennung allerdings willkürlich, aber doch wegen des eigentümlichen Wertes dieser Schriften leicht zu rechtfertigen.

§ 89. Da wegen des genauen Zusammenhanges mit der philosophischen Theologie, als dem Ort aller Principien, jeder seine Auslegung selbst bilden muß: so giebt es auch hier nur weniges, was man sich von den Virtuosen (vergl. §§ 17 und 19) kann geben lassen.

Vorzüglich nur dasjenige, was zur Auslegung aus den Hilfswissenschaften herbeigezogen werden muß.

§ 90. Die Kenntnis von dem weiteren Verlauf des Christentums kann entweder als ein Ganzes aufgestellt werden, oder auch geteilt in die Geschichte des Lehrbegriffs und in die Geschichte der Gemeinschaft.

Weil nämlich die Geschichte des Lehrbegriffs nichts anderes ist als die Entwicklung der religiösen Vorstellungen der Gemeinschaft. Sowohl die Vereinigung von beiden als auch die Geschichte der Gemeinschaft besonders dargestellt, führt den Namen Kirchengeschichte; so wie die des Lehrbegriffs besonders den Namen Dogmengeschichte.

§ 91. Sowohl beide Zweige zusammen als auch jeder für sich allein stellen der Länge nach betrachtet einen ununterbrochenen Fluß dar, in welchem jedoch vermittelst der Begriffe von Perioden und Epochen (vergl. § 73) Entwicklungsknoten gefunden werden können, um die Unterschiede zu fixieren

zwischen solchen Punkten, welche durch eine Epoche geschieden
sind, und also verschiedenen Perioden angehören, sowie
auch zwischen solchen, die zwar innerhalb derselben zwei
Epochen liegen, so jedoch daß der eine mehr das Ergebnis
der ersten enthält, der andere mehr als eine Vorbereitung der
zweiten erscheint.

> Denkt man sich dazwischen noch Punkte, welche in einer Periode
> das Größte der Entwicklung ihrer Anfangsepoche enthalten, aber
> noch den Nullpunkt der Schlußepoche darstellen: so giebt dieses
> durch beide Zweige und durch alle Perioden durchgeführt, ein
> Netz der wertvollsten Momente.

§ 92. Da der Gesamtverlauf des Christentums eine Un=
endlichkeit von Einzelheiten darbietet: so ist hier am meisten
Spielraum für den Unterschied zwischen dem Gemeinbesitz
und dem Besitz der Virtuosen.

> Jenes Netz bis zu einem Analogon von Stetigkeit im Umriß voll=
> zogen, ist das Minimum, welches jeder besitzen muß; die Er=
> forschung und Ausführung des einzelnen ist, auch unter viele ver=
> teilt, ein unerschöpfliches Gebiet.

§ 93. Nicht jeder Moment eignet sich gleich gut dazu,
als ein in sich zusammenhängendes Ganze dargestellt zu
werden; sondern am meisten der Kulminationspunkt einer
Periode, am wenigsten ein Punkt während einer Epoche oder
in der Nähe derselben.

> Während einer Umkehrung kann immer nur einzelnes abgesondert,
> und nicht leicht anderes als in der Form des Streites zur Er=
> örterung kommen. Nahe an einer Epoche kann zwar das Be=
> dürfnis einer zusammenhängenden Darstellung sich schon regen,
> die Versuche können aber nicht anders als unvollständig aus=
> fallen. Dies zeigt sich auch sowohl in den ersten Anfängen der
> Kirche nach der apostolischen Zeit, als auch bei uns in den ersten
> Zeiten der Reformation.

§ 94. In solchen Zeiten, wo der Aufgabe genügt werden
kann, sondert sich dann von selbst Darstellung der Lehre und
Darstellung des gesellschaftlichen Zustandes.

Denn wenn sich auch dasselbe eigentümliche Wesen der Kirche oder einer partiellen Kirchengemeinschaft in beiden ausspricht: so hangen doch beide von zu verschiedenen Koefficienten ab, als daß nicht ihre Veränderungen und also auch der momentane Zustand beider ziemlich unabhängig voneinander sein sollte.

§ 95. Die Darstellung des gesellschaftlichen Zustandes der Kirche in einem gegebenen Moment ist die Aufgabe der kirchlichen Statistik.

Erst seit kurzem ist dieser Gegenstand in gehöriger Anordnung discizplinarisch behandelt worden, daher auch, sowohl was Stoff als was Form betrifft, noch vieles zu leisten übrig ist.

§ 96. Die Aufgabe bleibt, auch wenn eine Trennung obwaltet, für alle einzelnen Kirchengemeinschaften doch wesentlich dieselbe.

Jede wird dann freilich ein besonderes Interesse haben, ihren eigenen Zustand auf das genaueste zu kennen, und insofern wird eine Ungleichheit eintreten, die aber auch eintritt, wenn die Kirche ungeteilt ist. Es kann aber nur großen Nachteil bringen, wenn die Lenkenden einer einzelnen Kirchengemeinschaft nicht mit dem Zustande der anderen der Wahrheit nach bekannt sind.

§ 97. Die zusammenhängende Darstellung der Lehre, wie sie zu einer gegebenen Zeit, sei es nun in der Kirche im allgemeinen, wenn nämlich keine Trennung obwaltet, sonst aber in einer einzelnen Kirchenpartei geltend ist, bezeichnen wir durch den Ausdruck Dogmatik oder dogmatische Theologie.

Der Ausdruck Lehre ist hier in seinem ganzen Umfang genommen. Die Bezeichnung systematische Theologie, deren man sich für diesen Zweig immer noch häufig bedient, und welche mit Recht vorzüglich hervorhebt, daß die Lehre nicht soll als ein Aggregat von einzelnen Satzungen vorgetragen werden, sondern der Zusammenhang ins Licht gesetzt, verbirgt doch auf der anderen Seite zum Nachteil der Sache nicht nur den historischen Charakter der Disciplin, sondern auch die Abzweckung derselben auf die Kirchenleitung, woraus vielfältige Mißverständnisse entstehen müssen.

§ 98. In Zeiten, wo die Kirche geteilt ist, kann nur jede Partei selbst ihre Lehre dogmatisch behandeln.

Schleierm., Th. St.   3

Weder wenn ein Theologe der einen Partei die Lehren anderer im
Zusammenhang nebeneinander behandeln wollte, würde Un=
parteilichkeit und Gleichheit zu erreichen sein, da nur der eine
Zusammenhang für ihn Wahrheit ist, der andere aber nicht; noch
auch wenn er nur die seinige zusammenhängend behandeln, und
nur die Abweichungen der anderen an gehöriger Stelle beibringen
wollte, weil diese dann doch aus ihrem natürlichen Zusammen=
hang herausgerissen würden. Das erste geschieht dennoch, was
die Hauptpunkte betrifft, unter dem Namen der Symbolik, das
andere unter dem der komparativen Dogmatik.

§ 99. Beide Disciplinen, Statistik und Dogmatik, sind
ebenfalls unendlich, und stehen also, was den Unterschied
zwischen dem Gemeinbesitz und dem Gebiet der Virtuosität
betrifft, der zweiten Abteilung gleich.

Von der kirchlichen Statistik leuchtet dies ein. Aber auch im Ge=
biet der Dogmatik ist nicht nur jede einzelne Lehre fast ins Un=
endliche bestimmbar, sondern auch ihre Darstellung in Bezug auf
abweichende Vorstellungsarten anderer Zeiten und Örter ist ein
Unendliches.

§ 100. Jeder muß sich, sowohl was die Kenntnis des
Gesamtverlaufs als auch was die des vorliegenden Momentes
betrifft, seine geschichtliche Anschauung selbst bilden.

Sonst würde auch die auf beiden gleichmäßig beruhende Thätigkeit
in der Kirchenleitung keine selbstthätige sein.

§ 101. Müssen hierzu geschichtliche Darstellungen ge=
braucht werden, welche nie frei sein können von eigentüm=
lichen Ansichten und Urteilen des Darstellenden: so muß auch
jeder die Kunst besitzen, aus denselben das Materiale für
seine eigene Bearbeitung möglichst rein auszuscheiden.

Auch dieses gilt für die Dogmatik und Statistik nicht minder als
für die Kirchengeschichte.

§ 102. Historische Kritik ist wie für das gesamte Gebiet
der Geschichtskunde, so auch für die historische Theologie das
allgemeine und unentbehrliche Organon.

Sie steht als vermittelnde Kunstfertigkeit den materiellen Hilfs=
wissenschaften gegenüber.

Erster Abschnitt.

Die exegetische Theologie.

§ 103. Nicht alle christliche Schriften aus dem Zeit=
raum des Urchristentums sind schon deshalb Gegenstände der
exegetischen Theologie, sondern nur sofern sie dafür gehalten
werden, zu der ursprünglichen mithin (vergl. § 83) für alle
Zeiten normalen Darstellung des Christentums beitragen zu
können.

Es liegt in der Natur der Sache, und ist auch vollkommen that=
sächlich begründet, daß es gleich anfangs auch unvollkommene
mithin zum Teil falsche Auffassung, also auch Darstellung des
eigentümlich christlichen Glaubens gegeben hat.

§ 104. Die Sammlung dieser das Normale in sich tra=
genden Schriften bildet den neutestamentischen Kanon der
christlichen Kirche.

Das richtige Verständnis von diesem ist mithin die einzige wesent=
liche Aufgabe der exegetischen Theologie, und die Sammlung selbst
ihr einziger ursprünglicher Gegenstand.

§ 105. In den neutestamentischen Kanon gehören wesent=
lich sowohl die normalen Dokumente von der Wirksamkeit
Christi an und mit seinen Jüngern, als auch die von der
gemeinsamen Wirksamkeit seiner Jünger zur Begründung des
Christentums.

Dies ist auch schon der Sinn der alten Einteilung des Kanon in
εὐαγγέλιον und ἀπόστολος. Einen Unterschied in Bezug auf
kanonische Dignität zwischen diesen beiden Bestandteilen festzusetzen,
ist an und für sich kein Grund vorhanden. Welches doch ge=
wissermaßen der Fall sein würde, wenn man behauptete, beide
verhielten sich zu einander wie Entstehung und Fortbildung, noch
mehr, wenn man der sich selbst überlassenen Wirksamkeit der
Jünger die normale Dignität absprechen dürfte.

§ 106. Da weder die Zeitgrenze des Urchristentums noch
das Personale desselben genau bestimmt werden kann: so kann

3*

auch die äußere Grenzbestimmung des Kanon nicht vollkommen fest sein.

Für beides gemeinschaftlich, Zeit und Personen, ließe sich zwar eine feste Formel für das Kanonische aufstellen; sie würde aber doch zu keiner sicheren Unterscheidung über das Vorhandene führen, wegen der über die Persönlichkeit mehrerer einzelner Schriftsteller ob= waltenden Ungewißheit.

§ 107. Diese Unsicherheit ist ein Schwanken der Grenze zwischen dem Gebiet der Schriften apostolischer Väter und dem Gebiet der kanonischen Schriften.

Denn das Zeitalter der apostolischen Väter liegt zwischen dem, in welchem der Kanon erst anfing zu werden, und dem, in welchem er schon abgesondert bestand. Und der Ausdruck apostolische Väter ist hier in solchem Umfange zu verstehen, daß die Unsicherheit den ersten Teil des Kanon ebenso trifft wie den zweiten.

§ 108. Da auch der Begriff der normalen Dignität nicht kann auf unwandelbar feste Formeln gebracht werden: so läßt sich auch aus inneren Bestimmungsgründen der Kanon nicht vollkommen sicher umschreiben.

Wenn wir zum normalen Charakter der einzelnen Sätze auf der einen Seite die vollkommene Reinheit rechnen, auf der anderen die Fülle der daraus zu entwickelnden Folgerungen und An= wendungen: so haben wir nicht Ursache, die erste anderswo als nur in Christo schlechthin anzunehmen, und müssen zugeben, daß auch auf die zweite bei allen anderen die natürliche Unvollkommen= heit hemmend einwirken konnte.

§ 109. Christliche Schriften aus der kanonischen Zeit, welchen wir die normale Dignität absprechen, bezeichnen wir durch den Ausdruck Apokryphen, und der Kanon ist also auch gegen diese nicht vollkommen fest begrenzt.

Die meisten neutestamentischen Apokryphen führen diesen Namen freilich nur, weil sie dafür genommen wurden, oder dafür gelten wollten, der kanonischen Zeit anzugehören. Der Ausdruck selbst ist in dieser Bedeutung willkürlich, und würde besser mit einem anderen vertauscht.

§ 110. Die protestantische Kirche muß Anspruch darauf machen, in der genaueren Bestimmung des Kanon noch immer begriffen zu sein; und dies ist die höchste exegetisch = theologische Aufgabe für die höhere Kritik.

Der neutestamentische Kanon hat seine jetzige Gestalt erhalten durch wenngleich nicht genau anzugebende noch in einem einzelnen Akt nachzuweisende Entscheidung der Kirche, welcher wir ein über alle Prüfung erhobenes Ansehen nicht zugestehen, und daher berechtigt sind, an das frühere Schwanken neue Untersuchungen anzuknüpfen. Die höchste Aufgabe ist diese, weil es wichtiger ist zu entscheiden, ob eine Schrift kanonisch ist oder nicht, als ob sie diesem oder einem anderen Verfasser angehört, wobei sie immer noch kanonisch sein kann.

§ 111. Die Kritik hat beiderlei Untersuchungen anzu= stellen, ob nicht im Kanon Befindliches genau genommen un= kanonisch, und ob nicht außer demselben Kanonisches unerkannt vorhanden sei.

Noch neuerlich ist eine Untersuchung der letzten Art im Gange ge= wesen; die von der ersten haben eigentlich nie aufgehört.

§ 112. Beide Aufgaben gelten nicht nur für ganze Bücher, sondern auch für einzelne Abschnitte und Stellen derselben.

Ein unkanonisches Buch kann neue kanonische Stellen enthalten; so wie das meiste, was einem kanonischen Buch von späterer Hand eingeschoben ist, Unkanonisches sein wird.

§ 113. Wie die höhere Kritik ihre Aufgabe größten= teils nur durch Annäherung löset, und es keinen anderen Maßstab giebt für die Tüchtigkeit eines Ausspruches als die Kongruenz der inneren und äußeren Zeichen: so kommt es auch hier nur darauf an, wie bestimmt äußere Zeichen darauf hindeuten, daß ein fragliches Stück entweder dem späteren Zeitraum der apostolischen Väter oder dem vom Mittelpunkt der Kirche entfernten Gebiet der apokryphischen Behandlung angehöre, und innere darauf, daß es nicht in genauem Zu= sammenhang mit dem Wesentlichen der kanonischen Darstellung aufgefaßt und gedacht sei.

So lange noch beiderlei Zeichen gegeneinander streiten, oder in jeder Gattung einige auf dieser, andere aber auf jener Seite stehen, ist

keine kritische Entscheidung möglich. — Daß hier unter dem
Mittelpunkt der Kirche weder irgend eine Räumlichkeit noch auch
eine amtliche Würde zu verstehen sei, sondern nur die Voll=
kommenheit der Gesinnung und Einsicht, bedarf wohl keiner Er=
örterung.

§ 114. Die Kritik könnte beiderlei ausgemittelt und mit
vollkommener Sicherheit, was kanonisch sei und was nicht, neu
und anders bestimmt haben, ohne daß deshalb notwendig
wäre, den Kanon selbst anders einzurichten.

Notwendig wäre es nicht, weil das Unkanonische doch als solches
kann anerkannt werden, wenn es auch seine alte Stelle behält,
und ebenso das erwiesen Kanonische, wenn es auch außerhalb des
Kanon bliebe. Zulässig aber müßte es dann sein, den Kanon
in zweierlei Gestalt zu haben, in der geschichtlich überlieferten und
in der kritisch ausgemittelten.

§ 115. Dasselbe gilt von der Stellung der alttestamen=
tischen Bücher in unserer Bibel.

Daß der jüdische Codex keine normale Darstellung eigentümlich
christlicher Glaubenssätze enthalte, wird wohl bald allgemein an=
erkannt sein. Deshalb aber ist nicht nötig — wiewohl es auch
zulässig bleiben muß — von dem altkirchlichen Gebrauch ab=
zuweichen, der das Alte Testament mit dem Neuen zu einem
Ganzen als Bibel vereinigt.

§ 116. Die Vervielfältigung der neutestamentischen Bücher
aus ihren Urschriften mußte denselben Schicksalen unterworfen
sein wie die aller anderen alten Schriften.

Der Augenschein hat alle Vorurteile, welche hierüber ehedem geherrscht
haben, längst schon zerstört.

§ 117. Auch die übergroße Menge und Verschiedenheit
unserer Exemplare von den meisten dieser Bücher gewährt
keine Sicherheit dagegen, daß nicht dennoch die ursprüng=
liche Schreibung an einzelnen Stellen kann verloren ge=
gangen sein.

Denn dieser Verlust kann sehr zeitig, ja schon bei der ersten Abschrift
erfolgt sein, und zwar möglicherweise auch so, daß dies nicht
wieder gut gemacht werden konnte.

§ 118. Die definitive Aufgabe der niederen Kritik, die ursprüngliche Schreibung überall möglichst genau und auf die überzeugendste Weise auszumitteln, ist auf dem Gebiet der exegetischen Theologie ganz dieselbe wie anderwärts.

> Die Ausdrücke niedere und höhere Kritik werden hier hergebrachter=
> maßen gebraucht, ohne weder ihre Angemessenheit rechtfertigen,
> noch ihre Abgrenzung gegeneinander genauer bestimmen zu wollen.

§ 119. Der neutestamentische Kritiker hat also auch, so wie die Pflicht denselben Regeln zu folgen, so auch das Recht auf den Gebrauch derselben Mittel.

> Weder kann es daher verboten sein, im Fall der Not (vergl. § 17)
> Vermutungen zu wagen, noch kann es besondere Regeln geben,
> die nicht aus den gemeinsamen müßten abgeleitet werden können.

§ 120. In demselben Maß, als die Kritik ihre Aufgabe löst, muß sich auch eine genaue und zusammenhängende Ge= schichte des neutestamentischen Textes ergeben und umgekehrt, sodaß eines dem anderen zur Probe und Gewährleistung dient.

> Selbst was auf dem Wege der Vermutung Richtiges geleistet wird,
> muß sich auf Momente der Textgeschichte berufen können, und
> umgekehrt müssen auch wieder schlagende Verbesserungen die Ge=
> schichte des Textes erläutern.

§ 121. Für die theologische Abzweckung der Beschäftigung mit dem Kanon hat die Wiederherstellung des Ursprünglichen nur da unmittelbaren Wert, wo der normale Gehalt irgend= wie beteiliget ist.

> Keineswegs aber soll dies etwa auf sogenannte dogmatische Stellen
> beschränkt werden, sondern sich auf alles erstrecken, was für solche
> auf irgend eine Weise als Parallele oder Erläuterung gebraucht
> werden kann.

§ 122. Dies begründet den, da die kritische Aufgabe ein Unendliches ist, hier notwendig aufzustellenden Unterschied zwischen dem, was von jedem Theologen zu fordern ist, und dem Gebiet der Virtuosität.

> Die Forderung gilt eigentlich nur für den protestantischen Theo=
> logen, denn der römisch=katholische hat streng genommen das Recht

zu verlangen, daß ihm die vulgata, ohne daß eine kritische Auf=
gabe übrig bleibe, geliefert werde.

§ 123. Da jeder Theologe — auch im weiteren Sinne
des Wortes — um der Auslegung willen (vergl. § 89) in
den Fall kommen kann (vergl. § 121) auch einer kritischen
Überzeugung zu bedürfen: so muß jeder, um sich die Ar=
beiten der Virtuosen selbstthätig anzueignen und zwischen ihren
Resultaten zu wählen, sowohl die hier zur Anwendung
kommenden kritischen Grundsätze und Regeln inne haben, als
auch eine allgemeine Kenntnis von den wichtigsten kritischen
Quellen und ihrem Wert.

> Eine notdürftige Anleitung hierzu findet sich teils in den Prole=
> gomenen der kritischen Ausgaben, teils wird sie auch unter jenem
> Mancherlei mitgegeben, welches man Einleitung ins N. Test. zu
> nennen pflegt.

§ 124. Von jedem Virtuosen der neutestamentischen Kritik
ist alles zu fordern, was dazu gehört, sowohl den Text voll=
ständig und folgerecht überall nach gleichen Grundsätzen zu
konstituieren, als auch einen kritischen Apparat richtig und
zweckmäßig anzuordnen.

> Dies sind rein philologische Aufgaben. Es ist aber nicht leicht zu
> denken, daß ein Philologe ohne Interesse am Christentum seine
> Kunst daran wenden sollte, sie für das Neue Testament zu lösen,
> da dieses an sprachlicher Wichtigkeit hinter anderen Schriften weit
> zurücksteht. Sollte es indes jemals der Theologie an solchen Vir=
> tuosen fehlen: so gäbe es auch keine Sicherheit mehr für dasjenige,
> was für die theologische Abzweckung dieses Studiums geleistet
> werden muß.

§ 125. Bei allem bisherigen (§ 116—124) liegt die
Voraussetzung zum Grunde, daß eigene Auslegung nur der=
jenige bilden kann, welcher mit dem Kanon in seiner Grund=
sprache umgeht.

> Die kritische Aufgabe hätte sonst nur einen Wert für den Über=
> setzer, und zwar auch nur in dem § 121 beschriebenen Umfang.

§ 126. Da auch die meisterhafteste Übersetzung nicht ver=
mag die Irrationalität der Sprachen aufzuheben: so giebt es

kein vollkommenes Verständnis einer Rede oder Schrift anders als in ihrer Ursprache.

Unter Irrationalität wird nur dieses Bekannte verstanden, daß weder ein materielles Element noch ein formelles der einen Sprache ganz in einem der anderen aufgeht. Daher kann eine Rede oder Schrift vermittelst einer Übersetzung, mithin auch die Übersetzung selbst als solche, nur demjenigen vollkommen verständlich sein, der sie auf die Grundsprache zurückzuführen weiß.

§ 127. Die Ursprache der neutestamentischen Bücher ist die griechische; vieles (nach § 121) Wichtige aber ist teils unmittelbar als Übersetzung aus dem Aramäischen anzu=sehen, teils hat das Aramäische mittelbaren Einfluß darauf geübt.

Die früheren Behauptungen, daß einzelne Bücher ursprünglich ara=mäisch geschrieben seien, sind schwerlich mehr zu berücksichtigen. Vieles aber von dem, was als Rede oder Gespräch aufbewahrt worden, ist ursprünglich aramäisch gesprochen. Der mittelbare Einfluß ist die unter dem Namen des Hebraismus bekannte Sprachmodifikation.

§ 128. Schon die vielfältigen direkten und indirekten in neutestamentischen Büchern auf alttestamentische genommenen Beziehungen machen eine genauere Bekanntschaft mit diesen Büchern, also auch in ihrer Grundsprache, notwendig.

Um so mehr als diese sich zum Teil auf sehr wichtige Sätze be=ziehen, worüber die Auslegung selbst gebildet sein muß, mithin auch ein richtiges Urteil über das Verhältnis der gemeinen grie=chischen Übersetzung des Alten Testaments zur Grundsprache un=erläßlich ist.

§ 129. Je geringer die Verbreitung und die Produkti=vität einer Mundart ist, um desto weniger ist sie anders als im Zusammenhange mit allen ihr verwandten ganz verständlich. Welches, auf das Hebräische angewendet, für das vollkommenste Verständnis des Kanon auch eine hinreichende Kenntnis aller semitischen Dialekte in Anspruch nimmt.

Von jeher ist daher auch das Arabische und Rabbinische für die Er=klärung der Bibel zugezogen worden.

§ 130. Diese Forderung, welche vielerlei der Abzweckung unserer theologischen Studien unmittelbar ganz Fremdes in sich schließt, ist indes nur an diejenigen zu stellen, welche es in der exegetischen Theologie zur Meisterschaft bringen wollen, und zwar in dieser bestimmten Beziehung.

Von dieser rein philologischen Richtung gilt dasselbe, was zu § 124 gesagt worden ist.

§ 131. Jedem Theologen aber ist aus dem Gebiet der Sprachkunde zuzumuten eine gründliche Kenntnis der griechischen vornehmlich prosaischen Sprache in ihren verschiedenen Entwicklungen, die Kenntnis beider alttestamentischen Grundsprachen, und vermittelst derselben eine klare Anschauung von dem Wesen und Umfang des neutestamentischen Hebraismus; endlich, um die Arbeiten der Virtuosen zu benützen, außer einer Bekanntschaft mit der Litteratur des ganzen Faches, besonders ein selbstgebildetes Urteil über das zu viel und zu wenig, das Natürliche und das Erkünstelte in der Anwendung des Orientalischen.

Denn hierin ist aus Liebhaberei von den einen, aus Vorurteil von den anderen, immer wieder nach beiden Seiten hin gefehlt worden.

§ 132. Das vollkommene Verstehen einer Rede oder Schrift ist eine Kunstleistung, und erheischt eine Kunstlehre oder Technik, welche wir durch den Ausdruck Hermeneutik bezeichnen.

Kunst, schon in einem engeren Sinne, nennen wir jede zusammengesetzte Hervorbringung, wobei wir uns allgemeiner Regeln bewußt sind, deren Anwendung im einzelnen nicht wieder auf Regeln gebracht werden kann. Mit Unrecht beschränkt man gewöhnlich den Gebrauch der Hermeneutik nur auf größere Werke oder schwierige Einzelheiten. Die Regeln können nur eine Kunstlehre bilden, wenn sie aus der Natur des ganzen Verfahrens genommen sind, und also auch das ganze Verfahren umfassen.

§ 133. Eine solche Kunstlehre ist nur vorhanden, sofern die Vorschriften ein auf unmittelbar aus der Natur des

Denkens und der Sprache klaren Grundsätzen beruhendes
System bilden.

So lange die Hermeneutik noch als ein Aggregat von einzelnen, wenn
auch noch so feinen und empfehlenswerten Beobachtungen, all=
gemeinen und besonderen, behandelt wird, verdient sie den Namen
einer Kunstlehre noch nicht.

§ 134. Die protestantische Theologie kann keine Vor=
stellung vom Kanon aufnehmen, welche bei der Beschäf=
tigung mit demselben die Anwendung dieser Kunstlehre aus=
schlösse.

Denn dies könnte nur geschehen, wenn man irgendwie ein wunderbar
inspiriertes vollkommenes Verständnis desselben annähme.

§ 135. Die neutestamentischen Schriften sind sowohl des
inneren Gehaltes als der äußeren Verhältnisse wegen von be=
sonders schwieriger Auslegung.

Das erste, weil die Mitteilung eigentümlicher sich erst entwickelnder
religiöser Vorstellungen in der abweichenden Sprachbehandlung
nicht nationaler Schriftsteller zum großen Teil aus einer minder
gebildeten Sphäre sehr leicht mißverstanden werden kann. Letzteres,
weil die Umstände und Verhältnisse, welche den Gedankengang
modifizieren, uns großenteils unbekannt sind, und erst aus den
Schriften selbst müssen erraten werden.

§ 136. Sofern nun der neutestamentische Kanon vermöge
der eigentümlichen Abzweckung der exegetischen Theologie als
ein Ganzes soll behandelt werden, an und für sich betrachtet
aber jede einzelne Schrift ein eigenes Ganze ist, kommt
noch die besondere Aufgabe hinzu, diese beiden Behandlungs=
weisen gegeneinander auszugleichen und miteinander zu ver=
einigen.

Die gänzliche Ausschließung des einen oder anderen dieser Stand=
punkte, wie sie aus entgegengesetzten theologischen Einseitigkeiten
folgt, hat zu allen Zeiten Irrtümer und Verwirrungen in das
Geschäft der Auslegung gebracht.

§ 137. Die neutestamentische Specialhermeneutik kann
nur aus genaueren Bestimmungen der allgemeinen Regeln in

Bezug auf die eigentümlichen Verhältnisse des Kanon be=
stehen.

Sie kann um so mehr nur allmählich zu der strengeren Form einer
Kunstlehre ausgebildet werden, als sie zu einer Zeit gegründet
wurde, wo auch die allgemeine Hermeneutik nur noch als eine
Sammlung von Observationen bestand.

§ 138. Die Kunstlehre der Auslegung kann auf zweifache
Weise gestaltet werden, ist aber in jeder Fassung der eigent=
liche Mittelpunkt der exegetischen Theologie.

Die allgemeine Hermeneutik kann entweder ganz hervortreten, sodaß
das Specielle nur als Corollarien erscheint, oder umgekehrt kann
das Specielle zusammenhängend organisiert und auf die allgemeinen
Grundsätze dann nur zurückgewiesen werden. — Die Ausübung
ist zwar allerdings durch Sprachkunde und Kritik bedingt; aber
die Grundsätze selbst haben den entschiedensten Einfluß sowohl auf
die Operationen der Kritik als auch auf die feineren Wahr=
nehmungen in der Sprachkunde.

§ 139. Daher giebt es auch hier nichts, weshalb sich
einer auf andere verlassen dürfte: sondern jeder muß sich der
möglichsten Meisterschaft befleißigen.

Je mehr der Gegenstand schon bearbeitet ist, um desto weniger darf
sich diese gerade in neuen Auslegungen zeigen wollen.

§ 140. Keine Schrift kann vollkommen verstanden werden
als nur im Zusammenhang mit dem gesamten Umfang von
Vorstellungen, aus welchem sie hervorgegangen ist, und ver=
mittelst der Kenntnis aller Lebensbeziehungen, sowohl der
Schriftsteller als derjenigen, für welche sie schrieben.

Denn jede Schrift verhält sich zu dem Gesamtleben, wovon sie ein
Teil ist, wie ein einzelner Satz zu der ganzen Rede oder Schrift.

§ 141. Der geschichtliche Apparat zur Erklärung des
Neuen Testaments umfaßt daher die Kenntnis des älteren und
neueren Judentums, sowie die Kenntnis des geistigen und
bürgerlichen Zustandes in den Gegenden, in welchen und
für welche die neutestamentischen Schriften verfaßt wurden.

Daher sind die alttestamentischen Bücher zugleich das allgemeinste
Hilfsbuch zum Verständnis des Neuen Testaments, nächstdem

die altteſtamentiſchen und neuteſtamentiſchen Apokryphen, die
ſpäteren jüdiſchen Schriftſteller überhaupt, ſowie die Geſchicht=
ſchreiber und Geographen dieſer Zeit und Gegend. Alle dieſe
wollen ebenfalls in ihrer Grundſprache kritiſch und nach den her=
meneutiſchen Regeln gebraucht werden.

§ 142. Viele von dieſen Hilfsquellen ſind bis jetzt noch
weder in möglichſter Vollſtändigkeit noch mit der gehörigen
Vorſicht gebraucht worden.

Beides gilt beſonders von den gleichzeitigen und ſpäteren jüdiſchen
Schriften.

§ 143. Dieſer Geſamtapparat nimmt alſo noch auf lange
Zeit die Thätigkeit vieler Theologen in Anſpruch, um die
bisherigen Arbeiten der Meiſter dieſes Faches zu berichtigen
und zu ergänzen.

Von einer anderen Seite gehen dieſe Arbeiten in die Apologetik
zurück, indem die Gegner des Chriſtentums ſich immer wieder die
Aufgabe ſtellen, es ganz aus dem was ſchon gegeben war, und
zwar nicht immer als Fortſchritt und Verbeſſerung, zu erklären.
Hierher gehört aber nur die reine und vollſtändige Zubereitung
des geſchichtlichen Materials.

§ 144. Was ſich hiervon zum Gemeinbeſitz eignet, wird,
teils unter dem Titel jüdiſcher und chriſtlicher Altertümer,
teils mit vielerlei anderem verbunden, in der ſogenannten Ein=
leitung zum Neuen Teſtament mitgeteilt.

In der letzteren, die überhaupt wohl einer Umgeſtaltung bedürfte,
wird noch manches vermißt, was doch vorzüglich nach § 141
hierher gehört, weil man es zur Leſung des Neuen Teſtaments
mitbringen muß. — Was ſich jeder von den Virtuoſen dieſes
Faches geben laſſen kann, findet ſich teils in Sammlungen aus
einzelnen Quellen, teils in Kommentaren zu den einzelnen neu=
teſtamentiſchen Büchern.

§ 145. Die Hauptaufgabe der exegetiſchen Theologie iſt
noch keineswegs als vollkommen aufgelöſt anzuſehen.

Selbſt wenn man abrechnet, daß es einzelne Stellen giebt, die teils
nie werden mit vollkommener Sicherheit berichtigt, teils nie zu
allgemeiner Befriedigung erklärt werden.

§ 146. Auch für die hierher gehörigen Hilfskenntnisse besteht die doppelte Aufgabe fort, das Materiale immer mehr zu vervollständigen, und von dem verarbeiteten immer mehr in Gemeinbesitz zu verwandeln.

Schon das erste Studium unter der Anleitung der Meister muß nicht nur den Grund zu dem letzten legen, und vermittelst desselben die Ausübung der Kunstlehre gemäß beginnen, sondern auch die verschiedenen einzelnen Gebiete in Bezug auf die darin noch zu erwerbende Meisterschaft wenigstens aufschließen.

§ 147. Eine fortgesetzte Beschäftigung mit dem neutestamentischen Kanon, welche nicht durch eigenes Interesse am Christentum motiviert wäre, könnte nur gegen denselben gerichtet sein.

Denn die rein philologische und historische Ausbeute, die der Kanon verspricht, ist nicht reich genug, um zu einem solchen zu reizen. Aber auch die Untersuchungen der Gegner (vergl. § 143) sind sehr förderlich geworden und werden es auch in Zukunft werden.

§ 148. Jede Beschäftigung mit dem Kanon ohne philologischen Geist und Kunst muß sich in den Grenzen des Gebietes der Erbauung halten; denn in dem der Theologie könnte sie nur durch pseudodogmatische Tendenz Verwirrung anrichten.

Denn ein reines und genaues Verstehenwollen kann bei einem solchen Verfahren nicht zum Grunde liegen.

Zweiter Abschnitt.

Die historische Theologie im engeren Sinne oder die Kirchengeschichte.

§ 149. Die Kirchengeschichte im weiteren Sinne (vergl. § 90) ist das Wissen um die gesamte Entwicklung des Christentums, seitdem es sich als geschichtliche Erscheinung festgestellt hat.

Was dasselbe abgesehen hiervon nach außen hin gewirkt hat, gehört nicht mit in dieses Gebiet.

§ 150. Jede geschichtliche Masse läßt sich auf der einen Seite ansehen als ein untrennbares werdendes Sein und Thun, auf der anderen als ein Zusammengesetztes aus unendlich vielen einzelnen Momenten. Die eigentlich geschichtliche Betrachtung ist das Ineinander von beiden.

Das eine ist nur der eigentümliche Geist des Ganzen in seiner Beweglichkeit angeschaut, ohne daß sich bestimmte Thatsachen sondern; das andere nur die Aufzählung der Zustände in ihrer Verschiedenheit, ohne daß sie in der Identität des Impulses zusammengefaßt werden. Die geschichtliche Betrachtung ist beides, das Zusammenfassen eines Inbegriffs von Thatsachen in ein Bild des inneren, und die Darstellung des inneren in dem Auseinandertreten der Thatsachen.

§ 151. So ist auch jede Thatsache nur eine geschichtliche Einzelheit, sofern beides identisch gesetzt wird, das Äußere Veränderung im Zugleichseienden, und das Innere Funktion der sich bewegenden Kraft.

Das Innere ist in diesem Ausdruck als Seele gesetzt, das Äußere als Leib, das Ganze mithin als ein Leben.

§ 152. Das Wahrnehmen und im Gedächtniß Festhalten der räumlichen Veränderungen ist eine fast nur mechanische Verrichtung, wogegen die Konstruktion einer Thatsache, die Verknüpfung des Äußeren und Inneren zu einer geschichtlichen Anschauung, als eine freie geistige Thätigkeit anzusehen ist.

Daher auch, was mehrere ganz als dasselbe wahrgenommen, sie doch als Thatsache verschieden auffassen.

§ 153. Die Darstellung der räumlichen Veränderungen als solcher in ihrer Gleichzeitigkeit und Folge ist nicht Geschichte, sondern Chronik; und eine solche von der christlichen Kirche könnte sich nicht als eine theologische Disciplin geltend machen.

Denn sie gäbe von dem Gesamtverlauf dasjenige nicht, was in einer Beziehung zur Kirchenleitung steht.

§ 154. Nur der Stetigkeit wegen müssen auch in die geschichtliche Auffassung solche Ereignisse mit aufgenommen werden, die eigentlich nicht als geschichtliche Elemente anzusehen sind.

> Dahin gehört der Wechsel der Personen, welche an ausgezeichneten Stellen wirksam waren, wenn auch ihre persönliche Eigentümlichkeit keinen merklichen Einfluß auf ihre öffentlichen Handlungen gehabt hat.

§ 155. Die geschichtliche Auffassung ist ein Talent, welches sich in jedem durch das eigene geschichtliche Leben, wiewohl in verschiedenem Grade, entwickelt, niemals aber jener mechanischen Fertigkeit ganz entbehren kann.

> Wie im gemeinen Leben so auch im wissenschaftlichen Gebiet verfälscht ein aufgeregtes selbstisches Interesse, mithin auch jedes Parteiwesen, am meisten den geschichtlichen Blick.

§ 156. Zu dem geschichtlichen Wissen um das nicht selbst Erlebte gelangt man auf zwiefachem Wege, unmittelbar aber mühsam zusammenschauend durch die Benutzung der Quellen, leicht aber nur mittelbar durch den Gebrauch geschichtlicher Darstellungen.

> Nicht leicht wird es auf irgend einem geschichtlichen Gebiet möglich sein, auf dem der Kirchengeschichte aber gewiß nicht, der letzteren zu entraten.

§ 157. Quellen im engeren Sinn nennen wir Denkmäler und Urkunden, welche dadurch für eine Thatsache zeugen, daß sie selbst einen Teil derselben ausmachen.

> Geschichtliche Darstellungen von Augenzeugen sind in diesem stengeren Sinn schon nicht mehr Quellen. Doch verdienen sie den Namen um so mehr, je mehr sie sich der Chronik nähern, und ganz anspruchslos nur das Wahrgenommene wiedergeben.

§ 158. Aus geschichtlichen Darstellungen kann man nur zu einer eigenen geschichtlichen Auffassung gelangen, indem man das von dem Schriftsteller Hineingetragene ausscheidet.

Dies wird erleichtert, wenn man mehrere Darstellungen derselben Reihe von Thatsachen vergleichen kann, um so mehr wenn sie aus verschiedenen Gesichtspunkten genommen sind.

§ 159. Zu dem Wissen um einen Gesamtzustand wie er ein Bild des Inneren (vergl. § 150) darstellt, gelangt man nur durch beziehende Verknüpfung einer Masse von zusammen= gehörigen Einzelheiten.

Dies ist daher die größte alles andere voraussetzende und in sich schließende Leistung der geschichtlichen Auffassungsgabe.

§ 160. Die Kirchengeschichte im weiteren Sinne (vergl. § 90) soll als theologische Disciplin vorzüglich dasjenige, was aus der eigentümlichen Kraft des Christentums hervor= gegangen ist, von dem, was teils in der Beschaffenheit der in Bewegung gesetzten Organe, teils in der Einwirkung fremder Principien seinen Grund hat, unterscheiden, und beides in seinem Hervortreten und Zurücktreten zu messen suchen.

Nur war es eine sehr verfehlte Methode, um deswillen die Dar= stellung selbst zu teilen in die der günstigen und der ungünstigen Ereignisse.

§ 161. Von dem ersten Eintritt des Christentums an, also auch schon in der Zeit des Urchristentums, kann man verschiedene selbst wieder mannigfaltig teilbare Funktionen dieses neuen wirksamen Princips unterscheiden, und auch in der geschichtlichen Darstellung voneinander sondern.

Auch dies gilt allgemein von allen bedeutenden geschichtlichen Er= scheinungen, von allen religiösen Gemeinschaften nicht nur, sondern auch von den bürgerlichen.

§ 162. Keine von diesen Funktionen aber ist in ihrer Entwicklung ohne ihre Beziehung auf die anderen vollkommen zu verstehen; und jeder als ein relatives Ganze auszusondernde Zeitteil wird nur durch die Gegenseitigkeit ihrer Einwirkungen aufeinander, was er ist.

Schleierm., Th. St. 4

Denn die lebendige Kraft ist in jedem Momente ganz gesetzt, und kann daher nur ergriffen werden in der gegenseitigen Bedingtheit aller verschiedenen Funktionen.

§ 163. Der Gesamtverlauf des Christentums kann also nur vollständig aufgefaßt werden durch die vielseitigste Kombination beider Verfahrungsarten, indem jede, was der anderen auf einem Punkte gefehlt hat, auf einem anderen ergänzen muß.

Während wir nur die eine Funktion verfolgen, bleibt uns die Anschauung des Gesamtlebens aus den Augen gerückt, und wir müssen uns vorbehalten, diese nachzuholen. Während wir die gleichzeitigen Züge zu einem Bilde zusammen schauen, vermögen wir nicht die einzelnen Elemente genau zu schätzen, und müssen uns vorbehalten, sie an dem gleichartigen früheren und späteren zu messen.

§ 164. Je mehr man die verschiedenen Funktionen bei der geschichtlichen Betrachtung ins Einzelne und Kleine zerspaltet, desto öfter muß man Punkte zwischen einschieben, welche das getrennt Gewesene wieder vereinigen. Je größer die parallelen Massen genommen werden, desto länger kann man die Betrachtung der einzelnen ununterbrochen fortsetzen.

Die Perioden können also desto größer und müssen desto kleiner sein, je größere oder kleinere Funktionen man behandelt.

§ 165. Die wichtigsten Epochenpunkte indes sind immer solche, die nicht nur für alle Funktionen des Christentums den gleichen Wert haben, sondern auch für die geschichtliche Entwicklung außer der Kirche bedeutend sind.

Da die Erscheinung des Christentums selbst zugleich ein weltgeschichtlicher Wendepunkt ist: so kommen diesem andere auch nur in dem Maße nahe, als sie ihm hierin gleichen.

§ 166. Die Bildung der Lehre oder das sich zur Klarheit bringende fromme Selbstbewußtsein, und die Gestaltung des gemeinsamen Lebens oder der sich in jedem durch alle und in allen durch jeden befriedigende Gemeinschaftstrieb, sind die beiden sich am leichtesten sondernden Funktionen in der Entwicklung des Christentums.

> Dies giebt sich dadurch zu erkennen, daß auf der einen Seite große Veränderungen vor sich gehen, während auf der anderen alles beim alten bleibt, und für die eine Seite ein Zeitpunkt bedeutend ist als Entwicklungsknoten, der für die andere bedeutungslos erscheint.

§ 167. Die Bildung des kirchlichen Lebens wird vorzüglich mitbestimmt (vergl. § 160) durch die politischen Verhältnisse und den gesamten geselligen Zustand; die Entwicklung der Lehre hingegen durch den gesamten wissenschaftlichen Zustand, und vorzüglich durch die herrschenden Philosopheme.

> Dieses Mitbestimmtwerden ist natürlich und unvermeidlich, bedingt mithin nicht schon an und für sich krankhafte Zustände, enthält aber allerdings den Grund ihrer Möglichkeit. — Allgemeinere Epoche machende Punkte, welche von einer neuen Entwicklung der Erkenntnis ausgehen, werden sich in der christlichen Kirche auch am meisten in der Geschichte der Lehre, solche hingegen, welche von Entwicklungen des bürgerlichen Zustandes ausgehen, werden sich auch am meisten in dem kirchlichen Leben kundgeben.

§ 168. Auf der Seite des kirchlichen Lebens sondern sich wiederum am leichtesten die Entwicklung des Kultus, d. h. der öffentlichen Mitteilungsweise religiöser Lebensmomente, und die Entwicklung der Sitte, d. h. des gemeinsamen Gepräges, welches der Einfluß des christlichen Princips den verschiedenen Gebieten des Handelns aufdrückt.

> Der Kultus verhält sich zu der Sitte wie das beschränktere Gebiet der Kunst im engeren Sinne zu dem unbestimmteren des geselligen Lebens überhaupt.

§ 169. Die Entwicklung des Kultus wird vorzüglich mitbestimmt durch die Beschaffenheit der dazu geeigneten in der Gesellschaft vorhandenen Darstellungsmittel und durch deren Verteilung in der Gesellschaft. Die Fortbildung der christlichen Sitte hingegen durch den Entwicklungs= und Verteilungszustand der geistigen Kräfte überhaupt.

4 *

Nämlich was das erste betrifft, so beruht die Mitteilung oder der Umlauf religiöser Erregungen, welcher nach denselben bewirkt werden soll, lediglich auf der Darstellung. Was das andere betrifft, so ruhen in diesem Zustand alle Motive, deren sich die religiöse Gesinnung bemächtigen soll.

§ 170. Beide aber, Sitte und Kultus, sind in ihrer Fortbildung auch so sehr aneinander gebunden, daß wenn sie in dem Maß von Bewegung oder Ruhe zu sehr voneinander abweichen, entweder der Kultus das Ansehen gewinnt, in leere Gebräuche oder Aberglauben ausgeartet zu sein, während das christliche Leben sich in der Sitte bewährt, oder umgekehrt ruht auf der herrschenden Sitte der Schein, daß sie, während die christliche Frömmigkeit sich durch den Kultus erhält, nur das Ergebnis fremder Motive darstelle.

In dieser verschiedenen Beurteilungsweise bekundet sich ein mit jener Ungleichmäßigkeit zusammenhängender innerer Gegensatz unter den Gliedern der Gemeinschaft.

§ 171. Je plötzlicher auf einem von beiden Gebieten bedeutende Veränderungen eintreten, um desto mehreren Reaktionen sind sie ausgesetzt; wogegen nur die langsameren sich als gründlich bewähren.

Das erste versteht sich indes nur von solchen Veränderungen, die nicht zugleich auch mehrere Gebiete umfassen. Dergleichen werden daher leicht voreilig als Epoche machende Punkte angesehen, da doch oft wenig Wirkungen von ihnen zurückbleiben.

§ 172. Langsame Veränderungen können nicht als fortlaufende Reihe aufgefaßt, sondern nur an einzeln hervorzuhebenden Punkten zur Anschauung gebracht werden, welche die Fortschritte von einer Zeit zur anderen darstellen.

Auch diese aber dürfen nicht willkürlich gewählt werden, sondern sie müssen, wenn auch nur in untergeordnetem Sinn, eine Ähnlichkeit haben mit Epoche machenden Punkten.

§ 173. Die geschichtliche Auffassung ist auf diesem Gebiet desto vollkommener, je bestimmter das Verhältnis des

christlichen Impulses zu der sittlichen und künstlerischen Kon=
stitution der Gesellschaft vor Augen tritt, und je über=
zeugender, was der gesunden Entwicklung des religiösen
Princips angehört, von dem Schwächlichen und Krankhaften
geschieden wird.

> Denn dadurch wird den Ansprüchen der Kirchenleitung an eine christ=
> liche Geschichtskunde genügt.

§ 174. Die kirchliche Verfassung kann zumal in der
evangelischen Kirche, wo es ihr an aller äußeren Sanktion
fehlt, nur als dem Gebiet der Sitte angehörig betrachtet
werden.

> Dieser Satz liegt, recht verstanden, jenseits aller über das evangelische
> Kirchenrecht noch obwaltenden Streitigkeiten, und spricht nur den
> wesentlichen Unterschied zwischen bürgerlicher und kirchlicher Ver=
> fassung aus.

§ 175. Diejenigen größeren Entwicklungsknoten, welche
außer der Kirche auch das bürgerliche Leben affizieren, werden
sich in der Kirche am unmittelbarsten und stärksten in der
Verfassung offenbaren.

> Weil doch kein anderer Teil der christlichen Sitte so sehr (vergl. § 167)
> mit den politischen Verhältnissen zusammenhängt.

§ 176. Die kirchliche Verfassung ist am meisten dazu
geeignet, daß sich an ihre Entwicklung die geschichtliche Dar=
stellung des gesamten christlichen Lebens anreihe.

> Denn sie hat den unmittelbarsten Einfluß auf den Kultus, verdankt
> ihre Haltung dem Gesamtzustand der Sitte, und ist zugleich der
> Ausdruck von dem Verhältnis der religiösen Gemeinschaft zur
> bürgerlichen.

§ 177. Der Lehrbegriff entwickelt sich einerseits durch
die fortgesetzt auf das christliche Selbstbewußtsein in seinen
verschiedenen Momenten gerichtete Betrachtung, anderseits durch
das Bestreben, den Ausdruck dafür immer übereinstimmender
und genauer festzustellen.

Beide Richtungen hemmen sich gegenseitig, indem die eine nach außen geht, die andere nach innen. Daher charakterisieren sich verschiedene Zeiten durch das Übergewicht der einen oder der anderen.

§ 178. Die Ordnung, in welcher hiernach die verschiedenen Punkte der Lehre hervortreten und die Hauptmassen der didaktischen Sprache sich gestalten, muß im großen wenigstens begriffen werden können aus dem eigentümlichen Wesen des Christentums.

Denn es wäre widernatürlich, wenn Vorstellungen, die diesem am nächsten verwandt sind, sich zuletzt entwickeln sollten.

§ 179. Nur in einem krankhaften Zustande der Kirche können einzelne persönliche oder gar außerkirchliche Verhältnisse einen bedeutenden Einfluß auf den Gang und die Ergebnisse der Beschäftigung mit dem Lehrbegriff ausüben.

Wenn dies dennoch nicht selten der Fall gewesen ist: so haben doch zumal neuere Geschichtschreiber weit mehr als der Wahrheit gemäß ist, auf Rechnung solcher Verhältnisse geschrieben.

§ 180. Je weniger die Entwicklung des Lehrbegriffs frei bleiben kann von Schwanken und Zwiespalt: um desto mehr tritt auch das Bestreben hervor, teils die Übereinstimmung eines Ausdrucks mit den Äußerungen des Urchristentums nachzuweisen, teils ihn auf anderweitig zugestandene nicht aus dem christlichen Glauben erzeugte Sätze, die dann Philosopheme sein werden, zurückzuführen.

Beides würde, wiewohl später und nicht in demselben Maße, geschehen, wenn auch kein Streit obwaltete; denn zu jenem treibt schon der christliche Gemeingeist, zu dem anderen das Bedürfnis, sich von der Zusammenstimmung des zur Klarheit gekommenen frommen Selbstbewußtseins und der spekulativen Produktion zu überzeugen.

§ 181. Nur in einem krankhaften Zustande kann beides so gegeneinander treten, daß die einen nicht wollen über die urchristlichen Äußerungen hinaus die Lehre bestimmen, die anderen philosophische Sätze in die christliche Lehre ein-

führen, ohne auch nur durch Beziehung auf den Kanon nach=
weisen zu wollen, daß sie auch dem christlichen Bewußtsein
angehören.

> Jene wirken hemmend auf die Entwicklung der Lehre, diese trüben
> und verfälschen ebenso das Princip derselben.

§ 182. Die Änderungen, welche das Verhältnis beider
Richtungen erleidet, zu kennen, gehört wesentlich zum Ver=
ständnis der Entwicklung der Lehre.

> Nur zu oft erhält man durch Verabsäumung solcher Momente nur
> eine Chronik statt der Geschichte, und die theologische Abzweckung
> der Disciplin geht ganz verloren.

§ 183. Ebenso wichtig ist Kenntnis zu nehmen von dem
Verhältnis in den Bewegungen der theoretischen Lehren und
der praktischen Dogmen, und, wo sie weit auseinander gehen,
ist es natürlich, die eigentliche Dogmengeschichte zu trennen
von der Geschichte der christlichen Sittenlehre.

> Im ganzen ist allerdings die eigentliche Glaubenslehre durch viel=
> fältigere und heftigere Bewegungen gebildet worden; doch darf die
> entgegengesetzte Richtung um so weniger übersehen werden.

§ 184. Bedenken wir, wie viel Hilfskenntnisse erfordert
werden, um diese verschiedenen Zweige der Kirchengeschichte
zu verfolgen: so ist dieses Gebiet offenbar ein unendliches
und postuliert einen großen Unterschied zwischen dem, was
jeder inne haben muß, und dem, was (vergl. § 92) nur durch
die Vereinigung aller Virtuosen gegeben ist.

> Zu diesen Hilfskenntnissen gehört, wenn alles im Zusammenhang
> verstanden werden soll, die gesamte irgend zeitverwandte Geschichts=
> kunde, und, wenn alles aus den Quellen entnommen werden
> soll, das ganze betreffende philologische Studium und vornehmlich
> die diplomatische Kritik.

§ 185. Im allgemeinen kann nur gesagt werden, daß
aus diesem unendlichen Umfang jeder Theologe dasjenige inne
haben muß, was mit seinem selbständigen Anteil an der
Kirchenleitung zusammenhängt.

Diese dem Anschein nach sehr beschränkte Formel setzt aber voraus, daß jeder außer seiner bestimmten lokalen Thätigkeit auch einen allgemeinen wenn gleich in seinen Wirkungen nicht bestimmt nach= zuweisenden Einfluß auszuüben strebt.

§ 186. Wie nun der jedesmalige Zustand, aus welchem ein neuer Moment entwickelt werden soll, nur aus der ge= samten Vergangenheit zu begreifen ist, zunächst aber doch der letzten Epoche machenden Begebenheit angehört: so ist die richtige Anschauung von dieser, durch alle früheren Haupt= revolutionen nach Maßgabe ihres Zusammenhanges mit der= selben deutlich gemacht, das erste Haupterfordernis.

Daß hier keine besondere Rücksicht darauf genommen werden kann, ob der gegenwärtige Moment schon mehr die künftige Epoche vorbereitet, liegt am Tage; denn dies selbst muß zunächst aus seinem Verhältnis zur letzten beurteilt werden.

§ 187. Damit aber dieses nicht eine Reihe einzelner Bilder ohne Zusammenhang bleibe, müssen sie verbunden werden durch das nicht dürftig ausgefüllte Netz (vergl. § 91) der Hauptmomente aus jedem kirchengeschichtlichen Zweige in jeder Periode.

Und dieses muß als Fundament selbständiger Thätigkeit auch ein womöglich aus verschiedenartigen Darstellungen Zusammenge= schautes sein.

§ 188. Zu einer lebendigen auch als Impuls kräftigen geschichtlichen Anschauung gedeiht aber auch dieses nur, wenn der ganze Verlauf zugleich (vergl. § 150) als die Darstellung des christlichen Geistes in seiner Bewegung aufgefaßt, mithin alles auf ein Inneres bezogen wird.

Erst unter dieser Form kann die Kenntnis des Gesamtverlaufs auf die Kirchenleitung einwirken.

§ 189. Jede lokale Einwirkung erfordert eine genauere und nach Maßgabe des Zusammenhanges mit der Gegenwart der Vollständigkeit annähernde Kenntnis dieses besonderen Gebietes.

Die Regel modifiziert sich von selbst nach dem Umfang der Lokalität, indem die kleinste einer einzelnen Gemeine oft in dem Fall ist, eine besondere Geschichte nicht zu haben, sondern nur als Teil eines größeren Ganzen gelten zu können.

§ 190. Jeder muß auch wenigstens an einem kleinen Teil der Geschichte sich im eigenen Aufsuchen und Gebrauch der Quellen üben.

Sei es nun, daß er nur beim Studium genau und beharrlich auf die Quellen zurückgehe oder daß er selbständig aus den Quellen zusammensetze. Sonst möchte einem schwerlich auch nur so viel historische Kritik zu Gebote stehen, als zum richtigen Gebrauch ab= weichender Darstellungen erfordert wird.

§ 191. Eine über diesen Maßstab hinausgehende Be= schäftigung mit der Kirchengeschichte muß neue Leistungen beabsichtigen.

Nichts ist unfruchtbarer als eine Anhäufung von geschichtlichem Wissen, welches weder praktischen Beziehungen dient, noch sich anderen in der Darstellung hingiebt.

§ 192. Diese können sowohl auf Berichtigung oder Ver= vollständigung des Materials, als auch auf größere Wahrheit und Lebendigkeit der Darstellung gehen.

Die Mängel in allen diesen Beziehungen sind noch unverkennbar und leicht zu erklären.

§ 193. Das kirchliche Interesse und das wissenschaftliche können bei der Beschäftigung mit der Kirchengeschichte nicht in Widerspruch miteinander geraten.

Da wir uns bescheiden, für andere keine Regeln zu geben, beschränken wir den Satz auf unsere Kirche, welcher, als einer forschenden und sich selbst fortbildenden Gemeinschaft, auch die vollkommenste Unparteilichkeit nicht zum Nachteil gereichen, sondern nur förderlich sein kann. Darum darf auch das lebhafteste Interesse des evan= gelischen Theologen an seiner Kirche doch weder seiner Forschung noch seiner Darstellung Eintrag thun. Und ebensowenig ist zu fürchten, daß die Resultate der Forschung das kirchliche Interesse schwächen werden; sie können ihm im schlimmsten Fall nur den Impuls geben, zur Beseitigung der erkannten Unvollkommenheiten mitzuwirken.

§ 194. Die kirchengeschichtlichen Arbeiten eines jeden müssen teils aus seiner Neigung hervorgehen, teils durch die Gelegenheiten bestimmt werden, die sich ihm darbieten.

Ein lebhaftes theologisches Interesse wird immer die erste den letzten zuzuwenden, oder für erstere auch die letztere herbeizuschaffen wissen.

Dritter Abschnitt.

Die geschichtliche Kenntnis von dem gegenwärtigen Zustande des Christentums.

§ 195. Wir haben es hier zu thun (vergl. § 94—97) mit der dogmatischen Theologie, als der Kenntnis der jetzt in der evangelischen Kirche geltenden Lehre, und mit der kirchlichen Statistik, als der Kenntnis des gesellschaftlichen Zustandes in allen verschiedenen Teilen der christlichen Kirche.

Der hier der dogmatischen Theologie angewiesene Ort, welche sonst auch unter dem Namen der systematischen Theologie eine ganz andere Stelle einnimmt, muß sich selbst vermittelst der weiteren Ausführung rechtfertigen. Hier ist nur nachzuweisen, daß die beiden genannten Disciplinen die Überschrift in ihrem ganzen Umfang erschöpfen. Dies erhellt daraus, daß es eigentlich in der Kirche, wie sie ganz Gemeinschaft ist, nichts zu erkennen giebt, was nicht ein Teil ihres gesellschaftlichen Zustandes wäre. Die Lehre ist nur aus diesem, weil ihre Darstellung einer eigentümlichen Behandlung fähig und bedürftig ist, herausgenommen. Dies konnte allerdings mit anderen Teilen des gesellschaftlichen Zustandes auch geschehen; solche sind aber noch nicht als theologische Disciplinen besonders bearbeitet. Kann aber in Zeiten, wo die Kirche geteilt ist (nach § 98), nur jede einzelne Kirchengemeinschaft ihre eigene Lehre dogmatisch bearbeiten: so fragt sich, wie kommt der evangelische Theologe zur Kenntnis der in anderen christlichen Kirchengemeinschaften geltenden Lehre, und welchen Ort kann unsere Darstellung dazu anweisen? Am unmittelbarsten durch die dogmatischen Darstellungen, welche sie selbst davon geben, die aber für ihn nur geschichtliche Berichte werden. Der Ort aber in unserer Darstellung ist die bis auf den gegenwärtigen Moment

verfolgte Geschichte der christlichen Lehre, für welche jene Dar=
stellungen die echten Quellen sind. Aber auch die Statistik kann
bei jeder Gemeinschaft einen besonderen Ort haben für die Lehre
derselben.

I. Die dogmatische Theologie.

§ 196. Eine dogmatische Behandlung der Lehre ist weder
möglich ohne eigene Überzeugung, noch ist notwendig, daß
alle, die sich auf dieselbe Periode derselben Kirchengemeinschaft
beziehen, unter sich übereinstimmen.

Beides könnte man daraus schließen wollen, daß sie es nur (vergl.
§§ 97 und 98) mit der zur gegebenen Zeit geltenden Lehre zu thun
habe. Allein wer von dieser nicht überzeugt ist, kann zwar über
dieselbe, und auch über die Art wie der Zusammenhang darin
gedacht wird, Bericht erstatten, aber nicht diesen Zusammenhang
durch seine Aufstellung bewähren. Nur dieses letzte aber macht
die Behandlung zu einer dogmatischen; jenes ist nur eine ge=
schichtliche, wie einer und derselbe sie bei gehöriger Kenntnis auf
die gleiche Weise von allen Systemen geben kann. — Die gänz=
liche Übereinstimmung aber ist in der evangelischen Kirche deshalb
nicht notwendig, weil auch zu derselben Zeit bei uns verschiedenes
nebeneinander gilt. Alles nämlich ist als geltend anzusehen, was
amtlich behauptet und vernommen wird, ohne amtlichen Wider=
spruch zu erregen. Die Grenzen dieser Differenz sind daher aller=
dings nach Zeit und Umständen weiter und enger gesteckt.

§ 197. Weder eine bewährende Aufstellung eines In=
begriffs von überwiegend abweichenden und nur die Über=
zeugung des einzelnen ausdrückenden Sätzen würden wir eine
Dogmatik nennen, noch auch eine solche, die in einer Zeit
auseinandergehender Ansichten nur dasjenige aufnehmen wollte,
worüber gar kein Streit obwaltet.

Das erste wird niemand in Abrede stellen. Aber auch die von da
ausgehende Streitfrage, ob Lehrbücher wirklich für dogmatische
gelten können, welche über die geltende Lehre nur geschichtlich be=
richten, bewährend aber nur Sätze aufstellen, gegen welche amt=
licher Einspruch erhoben werden könnte, gereicht noch unserem
Begriff zur Bestätigung. — Eine lediglich irenische Zusammen=
stellung wird großenteils so dürftig und unbestimmt ausfallen,

daß es nicht nur um eine Bewährung hervorzubringen überall
an den Mittelgliedern fehlen wird, sondern auch an der nötigen
Schärfe der Begriffsbestimmung, um der Darstellung Vertrauen
zu verschaffen.

§ 198. Die dogmatische Theologie hat für die Leitung
der Kirche zunächst den Nutzen, zu zeigen wie mannigfaltig
und bis auf welchen Punkt das Princip der laufenden Periode
sich nach allen Seiten entwickelt hat, und wie sich dazu die
der Zukunft anheimfallenden Keime verbesserter Gestaltungen
verhalten. Zugleich giebt sie der Ausübung die Norm für
den volksmäßigen Ausdruck, um die Rückkehr alter Verwirrungen
zu verhüten und neuen zuvorzukommen.

Dieses Interesse der Ausübung fällt lediglich in die erhaltende
Funktion der Kirchenleitung, und ursprünglich hiervon ist die
allmähliche Bildung der Dogmatik ausgegangen. Die Teilung
des ersten erklärt sich aus dem, was über den Gehalt eines jeden
Momentes im allgemeinen (vergl. § 91) gesagt ist.

§ 199. In jedem für sich darstellbaren Moment (vergl.
§ 93) tritt das, was in der Lehre aus der letztvorangegangenen
Epoche herrührt, als das am meisten kirchlich bestimmte auf,
dasjenige aber, wodurch mehr der folgenden Bahn gemacht
wird, als von einzelnen ausgehend.

Das erste nicht nur mehr kirchlich bestimmt als das letzte, sondern
auch mehr als das aus früheren Perioden mit Herübergenommene;
das letztere um so mehr nur auf einzelne zurückzuführen, je
weniger noch eine neue Gestaltung sich bestimmt ahnen läßt.

§ 200. Alle Lehrpunkte, welche durch das die Periode
dominierende Princip entwickelt sind, müssen unter sich zu-
sammenstimmen; wogegen alle anderen, so lange man von
ihnen nur sagen kann, daß sie diesen Ausgangspunkt nicht
haben, als unzusammenhängende Vielheit erscheinen.

Das dominierende Princip kann aber selbst verschieden aufgefaßt sein,
und daraus entstehen mehrere in sich zusammenhängende, aber
voneinander verschiedene dogmatische Darstellungen, welche, und
vielleicht nicht mit Unrecht, auf gleiche Kirchlichkeit Anspruch

machen. — Wenn die heterogenen vereinzelten Elemente zu-
ſammengehen, geben ſie ſich entweder als eine neue Auffaſſung
des ſchon dominierenden Princips zu erkennen, oder ſie verkündigen
die Entwicklung eines neuen.

§ 201. Wie zur vollſtändigen Kenntnis des Zuſtandes
der Lehre nicht nur dasjenige gehört, was in die weitere
Fortbildung weſentlich verflochten iſt, ſondern auch das, was,
wenn es auch als perſönliche Anſicht nicht unbedeutend war,
doch als ſolche wieder verſchwindet: ſo muß auch eine
umfaſſende dogmatiſche Behandlung alles in ihrer Kirchen=
gemeinſchaft gleichzeitig vorhandene verhältnismäßig berück=
ſichtigen.

Der Ort hierzu muß ſich immer finden, wenn in dem Beſtreben,
den aufgeſtellten Zuſammenhang zu bewähren, Vergleichungen
und Parallelen nicht verſäumt werden.

§ 202. Eine dogmatiſche Darſtellung iſt deſto voll=
kommener, je mehr ſie neben dem aſſertoriſchen auch divina=
toriſch iſt.

In jenem zeigt ſich die Sicherheit der eigenen Anſicht; in dieſem die
Klarheit in der Auffaſſung des Geſamtzuſtandes.

§ 203. Jedes Element der Lehre, welches in dem Sinne
konſtruiert iſt, das bereits allgemein Anerkannte zuſamt den
natürlichen Folgerungen daraus feſtzuhalten, iſt orthodox;
jedes in der Tendenz Konſtruierte, den Lehrbegriff beweglich
zu erhalten und anderen Auffaſſungsweiſen Raum zu machen,
iſt heterodox.

Es ſcheint zu eng, wenn man dieſe Ausdrücke ausſchließend auf
das Verhältnis der Lehrmeinungen zu einer aufgeſtellten Norm
beziehen will; derſelbe Gegenſatz kann auch ſtattfinden, wo es eine
ſolche nicht giebt. Nach obiger Erklärung kann vielmehr aus der
orthodoxen Richtung erſt das Symbol hervorgehen, und ſo iſt es
oft genug geſchehen. Was aber fremd ſcheinen kann an dieſer
Erklärung, iſt, daß ſie gar nicht auf den Inhalt der Sätze an
und für ſich zurückgeht; und doch rechtfertigt ſich auch dieſes leicht
bei näherer Betrachtung.

§ 204. Beide sind, wie für den geschichtlichen Gang des Christentums überhaupt so auch für jeden bedeutenden Moment als solchen, gleich wichtig.

> Wie es bei aller Gleichförmigkeit doch keine wahre Einheit gäbe ohne die ersten: so bei aller Verschiedenheit doch keine bewußte freie Beweglichkeit ohne die letzten.

§ 205. Es ist falsche Orthodoxie, auch dasjenige in der dogmatischen Behandlung noch festhalten zu wollen, was in der öffentlichen kirchlichen Mitteilung schon ganz antiquiert ist, und auch durch den wissenschaftlichen Ausdruck keinen bestimmten Einfluß auf andere Lehrstücke ausübt.

> Eine solche Bestimmung muß offenbar wieder beweglich gemacht, und die Frage auf den Punkt zurückgeführt werden, wo sie vorher stand.

§ 206. Es ist falsche Heterodoxie, auch solche Formeln in der dogmatischen Behandlung anzufeinden, welche in der kirchlichen Mitteilung ihren wohlbegründeten Stützpunkt haben, und deren wissenschaftlicher Ausdruck auch ihr Verhältnis zu anderen christlichen Lehrstücken nicht verwirrt.

> Hierdurch wird also die knechtische Bequemlichkeit keineswegs gerechtfertigt, welche alles, woran sich viele erbauen, stehen lassen will, wenn es sich auch mit den Grundlehren unseres Glaubens nicht verträgt.

§ 207. Eine dogmatische Darstellung für die evangelische Kirche wird beiderlei Abweichungen vermeiden, und ungeachtet der von uns in Anspruch genommenen Beweglichkeit des Buchstabens doch können in allen Hauptlehrstücken orthodox sein; aber auch, ungeachtet sie sich nur an das Geltende hält, doch an einzelnen Orten auch Heterodoxes in Gang bringen müssen.

> Das hier Aufgestellte wird, wenn diese Disciplin sich von ihrem Begriff aus gleichmäßig entwickelt, immer das natürliche Verhältnis beider Elemente sein, und sich nur ändern müssen, wenn lange Zeit eines von beiden Extremen geherrscht hat.

§ 208. Jeder auf einseitige Weise neuernde oder das Alte verherrlichende Dogmatiker ist nur ein unvollkommenes Organ der Kirche, und wird von einem falsch heterodoxen Standpunkt aus auch die sachgemäßeste Orthodoxie für falsche erklären, und von einem falsch orthodoxen aus auch die leiseste und unvermeidlichste Heterodoxie als zerstörende Neuerung bekriegen.

Diese Schwankungen sind es vornehmlich, welche bis jetzt fast immer verhinderten, daß die dogmatische Theologie der evangelischen Kirche sich nicht in einer ruhigen Fortschreitung entwickeln konnte.

§ 209. Jeder in die dogmatische Zusammenstellung aufgenommene Lehrsatz muß die Art, wie er bestimmt ist, bewähren, teils durch unmittelbare oder mittelbare Zurückführung seines Gehaltes auf den neutestamentischen Kanon, teils durch die Zusammenstimmung des wissenschaftlichen Ausdrucks mit der Fassung verwandter Sätze.

Alle Sätze aber, auf welche in diesem Sinn zurückgegangen wird, unterliegen derselben Regel; sodaß es hier keine andere Unterordnung giebt, als daß diejenigen Sätze am wenigsten beider Operationen bedürfen, für welche der volksmäßige, der schriftmäßige und der wissenschaftliche Ausdruck am meisten identisch sind, sodaß jeder Glaubensgenosse sie gleich an der Gewißheit seines unmittelbaren frommen Selbstbewußtseins bewährt. — Diese Unterscheidung wird wohl zurückbleiben von der, wie sie gewöhnlich gefaßt wurde, schon als antiquiert zu betrachtenden, von Fundamentalartikeln und anderen.

§ 210. Wenn sich die Behandlung des Kanon bedeutend ändert, muß sich auch die Art der Bewährung einzelner Lehrsätze ändern, ungeachtet ihr Inhalt unverändert derselbe bleibt.

Das orthodore dogmatische Interesse darf niemals den exegetischen Untersuchungen in den Weg treten oder sie beherrschen; aber das Wegfallen einzelner sogenannter Beweisstellen ist auch an und für sich kein Zeugnis gegen die Richtigkeit eines geltenden Lehrsatzes. Wogegen fortgeltende kanonische Bewährung einem Lehrsatz Sicherheit gewähren muß gegen die heterodore Tendenz.

§ 211. Für Sätze, welche den eigentümlichen Charakter der gegenwärtigen Periode bestimmt aussprechen, kann das Zurückführen auf das Symbol die Stelle der kanonischen Bewährung vertreten, wenn wir uns die damals geltende Auslegung noch aneignen können.

In diesen Fällen wird es auch ratsam sein, die Übereinstimmung mit dem Symbol hervorzuheben, um diese Sätze bestimmter von anderen (vergl. §§ 199, 200, 203) zu unterscheiden. Dasselbe gilt aber keineswegs für Sätze, welche aus früheren Perioden durch reine Wiederholung in das Symbol der laufenden herübergenommen sind.

§ 212. Da der eigentümliche Charakter der evangelischen Kirchenlehre unzertrennlich ist von dem durch den Ausgang der Reformation erst fixierten Gegensatz zwischen der evangelischen und römischen Kirche: so ist auch jeder auf unsere Symbole zurückzuführende Satz nur insofern vollständig bearbeitet, als er den Gegensatz gegen die korrespondierenden Sätze der römischen Kirche in sich trägt.

Denn weder ein Satz, in Beziehung, auf welchen der Gegensatz unsererseits schon wieder aufgehoben wäre, noch einer, dem dieser Gegensatz fremd wäre, könnte hinreichende Bewährung in der Beziehung auf das Symbol finden.

§ 213. Der streng didaktische Ausdruck, welcher durch die Zusammengehörigkeit der einzelnen Formeln dem dogmatischen Verfahren seine wissenschaftliche Haltung giebt, ist abhängig von dem jedesmaligen Zustand der philosophischen Disciplinen.

Teils wegen des logischen Verhältnisses der Formeln zu einander, teils weil viele Begriffsbestimmungen auf psychologische und ethische Elemente zurückgehen.

§ 214. Das dialektische Element des Lehrbegriffs kann sich an jedes philosophische System anschließen, welches nicht das religiöse Element entweder überhaupt oder in der besonderen Form, welcher das Christentum zunächst angehören will, durch seine Behauptungen ausschließt oder ableugnet.

Daher alle entschieden materialistischen und sensualistischen Systeme, die man aber wohl schwerlich für wahrhaft philosophisch gelten lassen wird — und alle eigentlich atheistischen werden auch diesen Charakter haben — nicht für die dogmatische Behandlung zu brauchen sind. Noch engere Grenzen im allgemeinen zu ziehen ist schwierig.

§ 215. Einzelne Lehren können daher sowohl in gleich= zeitigen dogmatischen Behandlungen verschieden gefaßt sein, als auch zu verschiedenen Zeiten verschieden lauten, während in beiden Fällen ihr religiöser Gehalt keine Verschiedenheit darbietet.

Wegen Verschiedenheit der gleichzeitig bestehenden oder aufeinander folgenden Schulen und ihrer Terminologien. Solche Differenzen werden aber auch nur durch Mißverständnis Gegenstand eines dogmatischen Streites.

§ 216. Ebenso kann ein Schein von Ähnlichkeit entstehen zwischen Sätzen, deren religiöser Gehalt dennoch mehr oder weniger verschieden ist.

Nicht nur kann sich im einzelnen die Differenz verschiedener theo= logischer Schulen derselben Kirche verbergen hinter der Identität der wissenschaftlichen Terminologie, sondern auch protestantische und katholische Sätze, zumal bei einiger Entfernung von den sym= bolischen Hauptpunkten, können gleichbedeutend erscheinen.

§ 217. Die protestantische dogmatische Behandlung muß danach streben, das Verhältnis eines jeden Lehrstückes zu dem unsere Periode beherrschenden Gegensatz zum klaren Bewußt= sein zu bringen.

Dies ist ein nur auf diesem Wege zu befriedigendes Bedürfnis der Kirchenleitung, in welches unrichtige Vorstellungen von dem Zu= stande dieses Gegensatzes, ob und wo er durch Annäherung beider Teile schon im Verschwinden begriffen sei, oder umgekehrt, ob und wo er sich erst bestimmter zu entwickeln anfange, die schwierigsten Verwirrungen hervorbringen muß.

§ 218. Die dogmatische Theologie ist in ihrem ganzen Umfang ein Unendliches, und bedarf einer Scheidung des Gebietes besonderer Virtuosität und des Gemeinbesitzes.

Dieser bezieht sich aber natürlich nur auf den Umfang des zu ver=
arbeitenden Stoffes, nicht auf die Sicherheit und Stärke der
Überzeugung, oder auf die Art, wie diese gewonnen wird.

§ 219. Von jedem evangelischen Theologen ist zu ver=
langen, daß er im Bilden einer eigenen Überzeugung be=
griffen sei über alle eigentlichen Örter des Lehrbegriffs, nicht
nur so wie sie sich aus den Principien der Reformation an
sich und im Gegensatz zu den römischen Lehrsätzen entwickelt
haben, sondern auch sofern sich Neues gestaltet hat, dessen
für den Moment wenigstens geschichtliche Bedeutung nicht zu
übersehen ist.

Unter einem Ort verstehe ich einen solchen Satz oder Inbegriff von
Sätzen, welche teils im Kanon und Symbol einen bestimmten
Sitz haben, teils nicht übergangen werden können, ohne daß
andere von demselben Umfang und Wert dunkel und unverständlich
werden. — Der Ausdruck im Bilden der Überzeugung begriffen
sein schließt keineswegs einen skeptischen Zustand ein, sondern
nur das dem Geist unserer Kirche wesentliche innere Empfänglich=
bleiben für neuere Untersuchungen, insofern teils die Behandlung
des Kanon sich ändern, teils eine andere Quelle für den dog=
matischen Sprachgebrauch sich eröffnen kann. Auch bezieht diese
Forderung sich zunächst nicht auf den Glauben, so wie er ein
Gemeingut der Christen ist, sondern auf die streng didaktische
Fassung der Aussagen über denselben.

§ 220. Das dogmatische Studium muß daher beginnen
mit der Auffassung und Prüfung einer oder mehrerer streng
zusammenhängender Darstellungen des kirchlich festgestellten,
als weiterer Ausbildung der ihrer Natur nach nur fragmen=
tarischen Symbole.

Dogmengeschichte muß dabei, wenn auch nur so wie auch der Laie
die Grundzüge davon inne haben kann, notwendig vorausgesetzt
werden. — Man unterscheide übrigens und stelle zusammen solche
Darstellungen, welche ihre Sätze überwiegend aus dem symbolischen
Buchstaben entwickeln, und solche, welche dem Geist der Symbole
treu zu bleiben behaupten, wenn sie auch ihren Buchstaben eben=
falls der Kritik unterwerfen.

§ 221. In Bezug auf das neue aus dem Symbol nicht
verständliche muß, inwiefern es in dieses Gebiet gehöre, zu=

nächst die Betrachtung entscheiden, ob mehreres auf einen gemeinsamen Ursprung zurückweist und eine gemeinsame Ab= zweckung verrät.

Denn je mehr dies der Fall ist, um desto sicherer kann ein ge= schichtliches Eingreifen solcher Ansichten vermutet werden.

§ 222. Genaue Kenntnis aller gleichzeitigen Behandlungs= weisen und schwebenden Streitfragen sowie aller gewagten Meinungen, und festes Urteil über Grund und Wert dieser Formen und Elemente bilden das Gebiet der dogmatischen Virtuosität.

Das feste Urteil ist zu verstehen mit Vorbehalt der frischen Em= pfänglichkeit (vergl. § 218), die dem Meister nicht minder notwendig ist als dem Anfänger. — Unter gewagten Meinungen sind nicht nur die ephemeren Erscheinungen launenhafter und ungeordneter Persönlichkeiten zu verstehen, sondern auch alles, was als eigentlich krankhaft auf antichristliche oder mindestens antievangelische Im= pulse zu reduzieren ist und Gegenstand der polemischen Ausübung wird.

§ 223. In der bisherigen Darstellung ist auf die jetzt überwiegend übliche Teilung der dogmatischen Theologie in die Behandlung der theoretischen Seite des Lehrbegriffs oder die Dogmatik im engeren Sinn, und in die Behandlung der praktischen Seite oder die christliche Sittenlehre, um so weniger Rücksicht genommen, als diese Trennung nicht als wesentlich angesehen werden kann; wie sie denn auch weder überhaupt noch in der evangelischen Kirche etwas Ursprüngliches ist.

Weder die Bezeichnungen theoretisch und praktisch, noch die Ausdrücke Glaubens= und Sittenlehre sind völlig genau. Denn die christ= lichen Lebensregeln sind auch theoretische Sätze als Entwicklungen von dem christlichen Begriff des Guten; und sie sind nicht minder Glaubenssätze wie die eigentlich dogmatischen, da sie es mit dem= selben christlich frommen Selbstbewußtsein zu thun haben, nur so wie es sich als Antrieb kundgiebt. — Wenn nun gleich nicht geleugnet werden kann, daß die vereinigte Behandlung beider einer in vieler Hinsicht unvollkommenen Periode der theologischen Wissenschaften angehört: so läßt sich doch eine fortschreitende Ver=

befferung auch dieses Gebietes sehr wohl ohne eine solche Trennung denken.

§ 224. Wenn die Trennung beiderlei Sätzen den Vorteil gewährt, leichter in ihrer Zusammengehörigkeit aufgefaßt zu werden: so hat sie der christlichen Sittenlehre noch den be= sonderen Vorteil gebracht, daß sie nun eine ausführlichere Behandlung erfährt.

Das letztere ist indes nicht wesentlich eine Folge der Trennung. Denn es läßt sich auch eine vereinigte Behandlung denken in umgekehrtem Verhältnis als wirklich früher stattgefunden hat; und dann würde derselbe Vorteil auf Seiten der Dogmatik ge= wesen sein. Dem ersten steht gegenüber, daß eine wohlgeordnete lebendige Vereinigung beider eine vorzügliche Sicherheit dagegen zu gewähren scheint, daß die eigentlichen dogmatischen Sätze nicht so leicht sollten in geistlose Formeln noch die ethischen in bloß äußerliche Vorschriften ausarten können.

§ 225. Aus der Teilung des Gebietes kann sehr leicht die Meinung entstehen, als ob bei ganz verschiedener Auf= fassung der Glaubenslehre doch die Sittenlehre auf dieselbige Weise könnte aufgefaßt werden und umgekehrt.

Dieser Irrtum ist in unser kirchliches Gemeinwesen schon sehr tief eingedrungen, und ihm kann nur von der wissenschaftlichen Be= handlung aus wirksam entgegengearbeitet werden.

§ 226. Die Teilung findet eine große Rechtfertigung sowohl darin, daß die Bewährung aus dem Kanon und Symbol sich bedeutend anders gestaltet bei den ethischen Sätzen als bei den dogmatischen, als auch darin, daß die Termino= logie für die einen und die anderen aus verschiedenen wissen= schaftlichen Gebieten herstammt.

Wir haben zwar in dieser Beziehung die theologischen Wissenschaften überhaupt auf die Ethik und die von ihr abhängigen Disciplinen zurückgeführt: betrachten wir aber die dogmatische Theologie ins= besondere, so rührt doch die Terminologie der eigentlichen Glaubens= lehre großenteils aus der philosophischen Wissenschaft her, die unter dem Namen rationaler Theologie ihren Ort in der Meta= physik hatte, wogegen die christliche Sittenlehre überwiegend nur aus der Pflichtenlehre der philosophischen Ethik schöpfen kann.

§ 227. Die Trennung beider Disciplinen hat auch ein verkehrtes eklektisches Verfahren erzeugt, indem man meinte, ohne Nachteil bei der christlichen Sittenlehre auf eine andere philosophische Schule zurückgehen zu dürfen als bei der Glaubenslehre.

> Man darf sich nur die Möglichkeit einer ungeteilten Behandlung der dogmatischen Theologie vergegenwärtigt haben, um dies schlechthin unstatthaft zu finden.

§ 228. Die|abgesonderte Behandlung ist desto sachgemäßer, je ungleichförmiger auf beiden Seiten der Verlauf der Periode in Bezug auf die Entwicklung des Princips und die Spannung des Gegensatzes entweder wirklich gewesen ist, oder je weniger gleichmäßig doch die wissenschaftliche Betrachtung dem wirklichen Verlauf gefolgt ist.

> Man würde vielleicht mit Unrecht behaupten, daß in Bezug auf die Sittlichkeit selbst der Gegensatz zwischen Protestantismus und Katholizismus minder entwickelt sei als in Bezug auf den Glauben; aber daß er in unseren christlichen Sittenlehren bei weitem nicht so ausgearbeitet ist als in unserer Dogmatik, scheint unleugbar.

§ 229. Viele Bearbeitungen der christlichen Sittenlehre lassen unleugbar von dem Typus einer theologischen Disciplin nur wenig durchschimmern, und sind von philosophischen Sittenlehren wenig zu unterscheiden.

> Daß dies von dem nachteiligsten Einfluß auf die Kirchenleitung sein muß, leuchtet ein. Bei einer ungeteilten Behandlung könnte sich für die sittenlehrigen Sätze ein solches Resultat nicht gestalten, es müßte denn auch die Glaubenslehre ihren Charakter verleugnen.

§ 230. Die abgesonderte Behandlung beider Zweige der dogmatischen Theologie wird desto unverfänglicher sein, je vollständiger alles von §§ 196—216 Gesagte auch auf die christliche Sittenlehre angewendet wird, und je mehr man in jeder von beiden Disciplinen den Zusammenhang mit der anderen durch einzelne Andeutungen wiederherstellt.

Das erste kann hier nicht besonders ausgeführt werden, die Möglich=
keit des letzten erhellt aus dem zu § 224 Gesagten.

§ 231. Wünschenswert bleibt immer, daß auch die un=
geteilte Behandlung sich von Zeit zu Zeit wieder geltend
mache.

Nur bei einer sehr großen Ausführlichkeit möchte dies kaum möglich
sein, ohne daß die Masse alle Form verlöre.

II. Die kirchliche Statistik.

§ 232. In dem Gesamtzustand einer kirchlichen Gesell=
schaft unterscheiden wir die innere Beschaffenheit und die
äußeren Verhältnisse, und in der ersten wieder den Gehalt,
der sich darin nachweisen läßt, und die Form, in welcher sie
besteht.

Manches scheint allerdings ebenso leicht unter die eine als unter
die andere Hauptabteilung gebracht werden zu können, immer
aber doch in einer anderen Beziehung, sodaß dies der Richtigkeit
der Einteilung keinen Eintrag thut.

§ 233. Die Aufgabe umfaßt in Zeiten, wo die christliche
Kirche nicht äußerlich eines ist, alle einzelnen Kirchengemein=
schaften.

Jede ist dann für sich zu betrachten, und die Verhältnisse einer jeden
zu den übrigen finden von selbst ihren Ort in der zweiten Hälfte.
— Aber auch wenn einzelne Kirchengemeinschaften nicht bestimmt
voneinander geschieden wären, würden doch einzelne Teile der
Kirche sich sowohl ihrer inneren Beschaffenheit als ihren Ver=
hältnissen nach so sehr von anderen unterscheiden, daß Einteilungen
dennoch müßten gemacht werden.

§ 234. Der Gehalt einer kirchlichen Gemeinschaft in einem
gegebenen Zeitpunkt beruht auf der Stärke und Gleichmäßig=
keit, womit der eigentümliche Gemeingeist derselben die ganze
ihr zugehörige Masse durchdringt.

Zunächst also und im allgemeinen der Gesundheitszustand derselben
in Bezug auf Indifferentismus und Separatismus (vergl. §§ 56
u. 57). Dieser wird aber erkannt einerseits aus den Entwicklungs=

exponenten des Lehrbegriffs mit Rücksicht auf die Einstimmigkeit oder Mannigfaltigkeit der Resultate und auf das Interesse der Gemeinde an dieser Funktion, anderseits aus dem Einfluß des kirchlichen Gemeingeistes auf die übrigen Lebensgebiete, und aus der Manifestation desselben in dem gottesdienstlichen Leben.

§ 235. Je größere Differenzen sich hierüber in weit ver= breiteten Kirchengemeinschaften vorfinden, um desto zweck= widriger ist es, bei bloßen Durchschnittsangaben sich zu be= gnügen.

Das Lehrreichste für die Kirchenleitung würde verloren gehen, wenn nicht die am meisten verschiedenen Massen in Bezug auf die wich= tigsten in Betracht kommenden Punkte miteinander verglichen würden.

§ 236. Das Wesen der Form, unter welcher eine Kirchen= gemeinschaft besteht, oder ihrer Verfassung, beruht auf der Art, wie die Kirchenleitung organisiert ist, und auf dem Ver= hältnis der Gesamtheit zu denen, welche an der Kirchenleitung teilnehmen, oder zu dem Klerus im weiteren Sinne.

Die große Mannigfaltigkeit der Verfassungen macht es notwendig, sie unter gewisse Hauptgruppen zu verteilen, wobei aber Vorsicht zu treffen ist, sowohl daß man nicht zu viel Gewicht auf die Analogie mit den politischen Formen lege, als auch daß man nicht über den allgemeinen Charakteren die specifischen Differenzen übersehe.

§ 237. Die Darstellung der inneren Beschaffenheit ist desto vollkommener, je mehr Mittel sie darbietet, den Einfluß der Verfassung auf den inneren Zustand und umgekehrt richtig zu schätzen.

Denn dies hängt mit der größten Aufgabe der Kirchenleitung zu= sammen, und ohne diese Beziehung bleiben alle hierher gehörigen Angaben nur tote Notizen, wie alle statistischen Zahlen ohne geist= volle Kombination.

§ 238. Die äußeren Verhältnisse einer Kirchengemein= schaft, die nur Verhältnisse zu anderen Gemeinschaften sein können, sind teils die zu gleichartigen, nämlich sowohl die des Christentums und einzelner christlichen Gemeinschaften zu

den außerchristlichen als auch die der christlichen Kirchen=
gemeinschaften zu einander, teils die zu ungleichartigen, und
hierunter vornehmlich zu der bürgerlichen Gesellschaft und zur
Wissenschaft im ganzen Umfang des Wortes.

> Wir betrachten die letzte als eine Gemeinschaft schon deshalb, weil
> die Sprache alle wissenschaftliche Mitteilung bedingt, und jede
> doch ein besonderes Gemeinschaftsgebiet bildet, sodaß die Ver=
> hältnisse derselben Kirchengemeinschaft ganz verschieden sein können
> in verschiedenen Sprachgebieten.

§ 239. Jede Kirchengemeinschaft steht mit den sie be=
rührenden in einem Verhältnis der Mitteilung sowohl als der
Gegenwirkung, welche auf das mannigfaltigste können ab=
gestuft sein vom Maximum des einen zum Minimum des
anderen bis umgekehrt.

> Unter Berührung soll nicht etwa nur lokales Zusammenstoßen ver=
> standen werden, sondern jede Art von Verkehr. Gegenwirkung
> aber ist, auch abgesehen von aller nach außen gehenden Polemik,
> teils durch das gemeinsame Zurückgehen auf den Kanon, teils
> durch die von außen anbildende Thätigkeit, die nicht als gänzlich
> fehlend angesehen werden kann, bedingt.

§ 240. Das Verhältnis kirchlicher Gemeinschaften zu
eigentümlichen ganzen des Wissens schwankt zwischen den
beiden Einseitigkeiten, der, wenn die Kirche kein Wissen gelten
lassen will, als dasjenige, welches sie sich zu ihrem besonderen
Zweck aneignen, mithin auch selbst hervorbringen kann, und
der, wenn das objektive Bewußtsein die Wahrheit des Selbst=
bewußtseins in Anspruch nehmen will.

> Denn auf diesen beiden Punkten schließen beide Gemeinschaften ein=
> ander aus. Zwischen beiden in der Mitte liegt als gemeinsamer
> Annäherungspunkt ein gegenseitiges thätiges Anerkennen beider.
> Die Aufgabe ist, ins Licht zu setzen wie sich ein bestehendes Ver=
> hältnis zu diesen Hauptpunkten stellt.

§ 241. Das Gleiche gilt von dem Verhältnis zwischen
Kirche und Staat. Nur daß man hier, wo sich bestimmtere
Formeln entwickeln, leichter sieht, teils wie nicht leicht ein

gegenseitiges Anerkennen stattfindet, ohne doch ein kleines Über=
gewicht auf die eine oder andere Seite zu legen, teils wie
zumal das evangelische Christentum seine Ansprüche bestimmt
begrenzt.

> Daß eine Theorie über dieses Verhältnis nicht hierher gehört, ver=
> steht sich von selbst. Viele aber von den hier nachgewiesenen
> Örtern werden auch in dem sogenannten Kirchenrecht behandelt,
> nur, wie auch schon der Name andeutet, überwiegend aus dem
> bürgerlichen Standpunkt betrachtet.

§ 242. Die kirchliche Statistik ist nach diesen Grundzügen
einer Ausführung ins Unendliche fähig.

> Diese muß aber natürlich immer erneuert werden, indem nach ein=
> getretener Veränderung die jedesmaligen Elemente der Kirchen=
> geschichte zuwachsen.

§ 243. Daß man sich bei uns nur zu häufig auf die
Kenntnis des Zustandes der evangelischen Kirche, ja nur des
Teiles beschränkt, in welchem die eigene Wirksamkeit liegt,
wirkt höchst nachteilig auf die kirchliche Praxis.

> Nichts begünstigt so sehr das Verharren bei dem Gewohnten und
> Hergebrachten, als die Unkenntnis fremder, aber doch verwandter
> Zustände. Und nichts bewirkt eine schroffere Einseitigkeit als die
> Furcht, daß man anderwärts werde Gutes anerkennen müssen,
> was dem eigenen Kreise fehlt.

§ 244. Eine allgemeine Kenntnis von dem Zustande der
gesamten Christenheit in den hier angegebenen Hauptverhält=
nissen, nach Maßgabe wie jeder Teil mit dem Kreise der
eigenen Wirksamkeit zusammenhängt, ist die unerläßliche For=
derung an jeden evangelischen Theologen.

> Die hieraus freilich folgende Verpflichtung zu einer genaueren
> Kenntnis des Näheren und Verwandteren ist doch nur unter=
> geordnet. Denn eine richtige Wirksamkeit auf die eigene Kirchen=
> gemeinschaft ist nur möglich, wenn man auf sie als auf einen
> organischen Teil des Ganzen wirkt, welcher sich in seinem
> relativen Gegensatz zu den anderen zu erhalten und zu ent=
> wickeln hat.

§ 245. Durch besondere Beschäftigung mit diesem Fach ist noch vieles zu leisten, sowohl was den Stoff anlangt als was die Form.

Die neueste Zeit hat zwar viel Material herbeigeschafft, aber es ist selten aus den rechten Gesichtspunkten aufgefaßt. Und umfassendere Arbeiten giebt es noch so wenige, daß die beste Form noch nicht gefunden sein kann.

§ 246. Die bloß äußerliche Beschreibung des Vorhandenen ist für diese Disciplin, was die Chronik für die Geschichte ist.

Bei dem gegenwärtigen Zustand derselben aber ist es schon verdienstlich, Unbekannteres und Abweichenderes auch nur auf diese Weise zur allgemeinen Kenntnis zu bringen. Bloß topographische und onomastische oder bibliographische Notizen sind natürlich das am wenigsten Fruchtbare.

§ 247. Eine ins einzelne gehende Beschäftigung mit dem gegenwärtigen Zustande des Christentums, welche nicht vom kirchlichen Interesse ausgehend auch keinen Bezug auf die Kirchenleitung nähme, könnte nur, wenn auch ohne wissenschaftlichen Geist betrieben, ein unkritisches Sammelwerk sein; je wissenschaftlicher aber, um desto mehr würde sie sich zum Skeptischen oder Polemischen neigen.

Der Impuls kann wegen Beschaffenheit der Gegenstände nicht von einem rein wissenschaftlichen Interesse herrühren. Fehlt also das für die Sache: so muß eins gegen die Sache wirksam sein. Ähnliches gilt von der Kirchengeschichte.

§ 428. Ist das religiöse Interesse von wissenschaftlichem Geist entblößt: so wird die Beschäftigung, statt ein treues Resultat zu geben, nur der Subjektivität der Person oder ihrer Partei dienen.

Denn nur der wissenschaftliche Geist kann, wo ein starkes Interesse vorwaltet, welches vom Selbstbewußtsein ausgeht, vor unkritischer Parteilichkeit sicherstellen.

§ 249. Die Disciplin, welche man gewöhnlich Symbolik

nennt, ist nur aus Elementen der kirchlichen Statistik zusammengesetzt, und kann sich in diese wieder zurückziehen.

Sie ist eine Zusammenstellung des Eigentümlichen in dem Lehrbegriff der noch jetzt bestehenden christlichen Parteien; und da diese
nicht nach Weise der Dogmatik (vergl. §§ 196 u. 233) mit Bewährung des Zusammenhanges vorgelegt werden können: so muß
die Darstellung rein historisch sein. Der nicht ganz der Sache
entsprechende Name, weil nämlich nicht alle Parteien Symbole in
dem eigentlichen Sinne des Wortes haben, kann nur sagen
wollen, daß der Bericht sich an die am meisten klassische und
am allgemeinsten anerkannte Darstellung einer jeden Glaubensweise halte. Ein solcher Bericht muß aber in unserer Disciplin
(vergl. § 234) die Grundlage bilden zu der Darstellung der Verhältnisse des Lehrbegriffs in der Gemeinschaft, und der Unterschied ist nur der, daß dort der Lehrbegriff einer Gemeinschaft beschrieben wird in Verbindung mit ihren übrigen Zuständen, in
der Symbolik aber in Verbindung mit den Lehrbegriffen der
anderen Gemeinschaften, wiewohl wir auch für die Statistik schon
(vergl. § 335) das komparative Verfahren empfohlen haben.

§ 250. Auch die biblische Dogmatik kommt der Weise der
Statistik in der Behandlung des Lehrbegriffs näher als der
eigentlichen Dogmatik.

Denn unsere Kombinationsweise ist so sehr eine andere, und teils
ist für die neutestamentischen biblischen Sätze das Zurückgehen
auf den alttestamentischen Kanon nur ein sehr ungenügendes
Surrogat für unser Zurückgehen auf den neutestamentischen, teils
fehlt uns dort überall die weitere Entwicklung der späteren Zeiten,
die in unsere Überzeugung so eingegangen ist, daß wir uns jene
nicht so aneignen können, wie es einer eigentlich dogmatischen
Behandlung wesentlich ist. Die Darstellung des Zusammenhanges der biblischen Sätze in ihrem eigentümlichen Gewand ist
also überwiegend eine historische. Und wie jedes zusammenfassende
Bild (vergl. § 150) eines als Einheit gesetzten Zeitraumes eigentlich die Statistik dieser Zeit und dieses Teiles ist: so ist die biblische Dogmatik nur ein Teil von diesem Bilde des apostolischen
Zeitalters.

Schlußbetrachtungen
über die historische Theologie.

———

§ 251. Wiewohl im ganzen in der christlichen Kirche die hervorragende Wirksamkeit einzelner auf die Masse abnimmt, ist es doch für die historische Theologie mehr als für andere geschichtliche Gebiete angemessen, die Bilder solcher Zeiten, die als wenn auch nur in untergeordnetem Sinne epoche= machend als Einheit aufzufassen sind, an das Leben vorzüglich wirksamer einzelner anzuknüpfen.

> Ab nimmt diese Wirksamkeit, weil sie in Christo absolut war, und wir keinen späteren den Aposteln gleichstellen, von denen doch nur wenige eine bestimmte persönliche Wirksamkeit übten. Je weiter hin desto mehr immer der gleichzeitigen einzelnen, welche einen neuen Umschwung bewirkten. Jedoch ist dies keineswegs nur auf das Zeitalter der sogenannten Kirchenväter zu beschränken. Wohl aber können wir sagen, daß sich jeder einzelne hierzu desto mehr eigne, je mehr er dem Begriff eines Kirchenfürsten entspricht, daß aber solche je weiter hinaus desto weniger zu erwarten seien. Auch einzelne als Andeutung und Ahnung merkwürdige Ab= weichungen im Lehrbegriff werden oft am besten mit dem Leben ihrer Urheber verständlich.

§ 252. Die Kenntnis des geschichtlichen Verlaufs, welche schon zum Behuf der philosophischen Theologie (vergl. § 65) vorausgesetzt werden muß, darf nur die der Chronik an= gehörige sein, welche unabhängig ist vom theologischen Stu= dium: hingegen die wissenschaftliche Behandlung des geschicht= lichen Verlaufs in allen Zweigen der historischen Theologie setzt die Resultate der philosophischen Theologie voraus.

> Dies gilt, wie aus dem Obigen erhellt, für die exegetische Theo= logie und die dogmatische nicht minder als für die historische im engeren Sinn. Denn alle leitenden Begriffe werden in den Untersuchungen, welche die philosophische Theologie bilden, de= finitiv bestimmt.

§ 253. Hieraus und aus dem dermaligen Zustand der philophischen Theologie (vergl. § 68) erklärt sich, wenn nicht die große Verschiedenheit in den Bearbeitungen aller Zweige der historischen Theologie, doch der Mangel an Verständigung über den ursprünglichen Sitz dieser Verschiedenheit.

Denn sie selbst würde bleiben, weil, was § 51 von der Apologetik gesagt und § 64 auch auf die Polemik ausgedehnt ist, nicht nur in Bezug auf die verschiedenen Gestaltungen, die das Christentum in verschiedenen Kirchengemeinschaften erhält, gelten muß, sondern auch von den nicht unbedeutenden Verschiedenheiten die noch inner= halb einer jeden stattfinden. Hat aber jede Partei ihre philo= sophische Theologie gehörig ausgearbeitet: so muß auch deutlich werden, welche von diesen Verschiedenheiten mit einer ursprüng= lichen Differenz in der Auffassung des Christentums selbst zu= sammenhängen und welche nicht.

§ 254. Philosophische und historische Theologie müssen noch bestimmter auseinander treten, können aber doch nur mit= und durcheinander zu ihrer Vollkommenheit gelangen.

Alle Zweige der historischen Theologie leiden darunter, daß die philosophische in ihrem eigentümlichen Charakter (vergl. § 33) noch nicht ausgearbeitet ist. Aber die philosophische Theologie würde ganz willkürlich werden, wenn sie sich von der Verpflichtung los= machte, alle ihre Sätze durch die klarste Geschichtsauffassung zu belegen. Und ebenso würde die historische alle Haltung verlieren, wenn sie sich nicht auf die klarste Entwicklung der Elemente der philosophischen Theologie beziehen wollte.

§ 255. In der gegenwärtigen Lage kann der Vorwurf, daß einer in der historischen Theologie nach willkürlichen Hypothesen verfahre, ebenso leicht unbillig sein, als er auch gegründet sein kann.

Gegründet ist er, wenn jemand die Elemente der philosophischen Theologie durch bloße Konstruktion konstituieren will, und dann die Begebenheiten danach deutet. Unbillig ist er, wenn jemand nur nicht Hehl hat, daß seine philosophische Theologie, wie sie ihm mit der historischen wird, sich auch durch ihre Angemessenheit für diese bestätigt.

§ 256. Dasselbe gilt von dem Vorwurf, daß einer die historische Theologie in geistlose Empirie verwandle.

Er ist gegründet, wenn jemand die in der philosophischen Theologie zu ermittelnden Begriffe, um sie in der historischen zu gebrauchen, als etwas empirisch Gegebenes aufstellt. Unbillig ist er, wenn jemand nur gegen die apriorische Konstruktion dieser Begriffe protestiert, und auf dem kritischen Verfahren (vergl. § 32) besteht.

Dritter Teil.
Von der praktischen Theologie.

___

Einleitung.

§ 257. Wie die philosophische Theologie die Gefühle der Lust und Unlust an dem jedesmaligen Zustand der Kirche zum klaren Bewußtsein bringt: so ist die Aufgabe der praktischen Theologie, die besonnene Thätigkeit, zu welcher sich die mit jenen Gefühlen zusammenhängenden Gemütsbewegungen entwickeln, mit klarem Bewußtsein zu ordnen und zum Ziel zu führen.

> Wie die philosophische Theologie hier aufgefaßt ist in der Einwirkung ihrer Resultate auf einen unmittelbaren Lebensmoment: so auch die praktische wie ihre Resultate in einen solchen Lebensmoment eingreifen.

§ 258. Die praktische Theologie ist also nur für diejenigen, in welchen kirchliches Interesse und wissenschaftlicher Geist vereinigt sind.

> Denn ohne das erste entstehen weder jene Gefühle noch diese Gemütsbewegungen, und ohne wissenschaftlichen Geist keine besonnene Thätigkeit, welche sich durch Vorschriften leiten ließe, sondern der dem Erkennen abgeneigte Thätigkeitstrieb verschmäht die Regeln.

§ 259. Jedem besonnen Einwirkenden entstehen seine Aufgaben aus der Art, wie er den jedesmal vorliegenden Zustand nach seinem Begriff von dem Wesen des Christentums und seiner besonderen Kirchengemeinschaft beurteilt.

> Denn da die Aufgabe im allgemeinen nur Kirchenleitung ist: so kann er nur jedesmal alles, was ihm gut erscheint, fruchtbar machen, das Entgegengesetzte aber unwirksam machen und umändern wollen.

§ 260. Die praktische Theologie will nicht die Aufgaben richtig fassen lehren; sondern indem sie dieses voraussetzt, hat sie es nur zu thun mit der richtigen Verfahrungsweise bei der Erledigung aller unter den Begriff der Kirchenleitung zu bringenden Aufgaben.

Für die richtige Fassung der Aufgaben ist durch die Theorie nichts weiter zu leisten, wenn philosophische und historische Theologie klar und im richtigen Maß angeeignet sind. Denn alsdann kann auch der gegebene Zustand in seinem Verhalten zum Ziel der Kirchenleitung richtig geschätzt, mithin auch die Aufgabe demgemäß gestellt werden. Wohl aber müssen zum Behuf der Vorschriften über die Verfahrungsweise die Aufgaben, indem man vom Begriff der Kirchenleitung ausgeht, klassifiziert und in gewissen Gruppen zusammengestellt werden.

§ 261. Will man diese Regeln als Mittel, wodurch der Zweck erreicht werden soll, betrachten: so müßte doch wegen Unterordnung der Mittel unter den Zweck alles aus diesen Vorschriften ausgeschlossen bleiben, was, indem es vielleicht die Lösung einer einzelnen Aufgabe förderte, doch zugleich im allgemeinen das kirchliche Band lösen oder die Kraft des christlichen Princips schwächen könnte.

Der Fall ist so häufig, daß dieser Kanon notwendig wird. Offenbar kann die einzelne gute Wirkung eines solchen Mittels nur eine zufällige sein; wenn sie nicht auf einem bloßen Schein beruht, sodaß die Lösung doch nicht die richtige ist.

§ 262. Ebenso weil der Handelnde die Mittel nur anwenden kann mit derselben Gesinnung, vermöge deren er den Zweck will: so kann keine Aufgabe gelöst werden sollen durch Mittel, welche mit einem von beiden Elementen der theologischen Gesinnung streiten.

Auch dieses beides, Verfahrungsarten, welche dem wissenschaftlichen Geist zuwiderlaufen, und solche, welche das kirchliche Interesse im ganzen gefährden, indem sie es in irgend einer einzelnen Beziehung zu fördern scheinen, sind häufig genug vorgekommen in der kirchlichen Praxis.

§ 263. Da aber alle besonnene Einwirkung auf die

Kirche, um das Christentum in derselben reiner darzustellen, nichts anderes ist als Seelenleitung; andere Mittel aber hierzu gar nicht anwendbar sind, als bestimmte Einwirkungen auf die Gemüter, also wieder Seelenleitung: so kann es, da Mittel und Zweck gänzlich zusammenfallen, nicht fruchtbar sein die Regeln als Mittel zu betrachten, sondern nur als Methoden.

Dem Mittel muß etwas außerhalb des Zweckes Liegendes, mithin nicht in und mit dem Zwecke selbst Gewolltes sein, welches hier nur von dem Alleräußerlichsten gesagt werden kann, während alles näher Liegende selbst in dem Zweck liegt, und ein Teil desselben ist. Welches Verhältnis des Teils zum Ganzen in dem Ausdruck Methode das Vorherrschende ist.

§ 264. Die in der Kirchenleitung vorkommenden Aufgaben klassifizieren und die Verfahrungsweisen angeben, läßt sich beides auseinander zurückführen.

Denn jede besondere Aufgabe sowohl ihrem Begriff nach als in ihrem einzelnen Vorkommen ist ebenso ein Teil des Gesamtzweckes, nämlich der Kirchenleitung, wie jede bei den besonderen Aufgaben anzuwendende Methode nur ein Teil derselben ist. Daher läßt sich dies nicht wie zwei Hauptteile der Disciplin auseinander= halten, indem die Klassifikation auch nur die Methode angiebt, um die Gesamtaufgabe zu lösen.

§ 265. Alle Vorschriften der praktischen Theologie können nur allgemeine Ausdrücke sein, in denen die Art und Weise ihrer Anwendung auf einzelne Fälle nicht schon mit bestimmt ist (vergl. § 132) d. h. sie sind Kunstregeln im engeren Sinne des Wortes.

In allen Regeln einer mechanischen Kunst ist jene Anwendung schon mit enthalten; wogegen die Vorschriften der höheren Künste alle von dieser Art sind, sodaß das richtige Handeln in Gemäßheit der Regeln immer noch ein besonderes Talent erfordert, wodurch das Rechte gefunden werden muß.

§ 266. Die Regeln können daher nicht jeden, auch unter Voraussetzung der theologischen Gesinnung, zum praktischen Theologen machen; sondern nur demjenigen zur Leitung dienen, der es sein will und es seiner inneren Beschaffenheit und seiner Vorbereitung nach werden kann.

Damit soll weder gesagt sein, daß zu dieser Ausübung ganz be=
sondere nur wenigen verliehene Naturgaben gehören, noch auch,
daß die gesamte Vorbereitung dem Entschluß vorausgehen müsse.

§ 267. Wie die christliche Theologie überhaupt, mithin auch die praktische, sich erst ausbilden konnte, als das Christentum eine geschichtliche Bedeutung erhalten hatte (vergl. §§ 2—5), und dieses nur vermittelst der Organisation der christlichen Gemeinschaft möglich war: so beruht nun alle eigentliche Kirchenleitung auf einer bestimmten Gestaltung des ursprünglichen Gegensatzes zwischen den Hervorragenden und der Masse.

Ohne einen solchen, der mannigfachsten Abstufungen fähigen, in dem
Verhältnis der Mündigen zu den Unmündigen aber naturgemäß
begründeten, Gegensatz könnte aller Fortschritt zum Besseren nur
in einer gleichmäßigen Entwicklung erfolgen, nicht durch eine be=
sonnene Leitung. Ohne eine bestimmte Gestaltung desselben aber
könnte die Leitung nur ein Verhältnis zwischen einzelnen sein,
die Gemeinschaft also nur aus losen Elementen bestehen, und nie
als Ganzes wirken, woran doch die geschichtliche Bedeutung ge=
bunden ist.

§ 268. Diese bestimmte Gestaltung ist die zum Behuf der Ausgleichung und Förderung festgestellte Methode des Umlaufs, vermöge deren die religiöse Kraft der Hervor= ragenden die Masse anregt, und wiederum die Masse jene auffordert.

Daß auf diese Weise eine Ausgleichung erfolgt, und die Masse den
Hervorragenden näher tritt, ist natürlich; Förderung aber ist nur
zu erreichen, wenn man die religiöse Kraft überhaupt und nament=
lich unter den Hervorragenden in der Gemeinschaft als zunehmend
voraussetzt.

§ 269. In der Übereinstimmung mit allem bisherigen werden wir sonach in der christlichen Kirchenleitung vornehm= lich zu betrachten haben die Gestaltung des Gegensatzes be= hufs der Wirksamkeit vermittelst der religiösen Vorstellungen, und die behufs des Einflusses auf das Leben, oder die leitende Thätigkeit im Kultus und die in der Anordnung der Sitte.

Beides unterscheidet sich zwar sehr bestimmt in der Erscheinung, ist aber der Formel nach allerdings nur ein unvollkommener Gegen= satz. Denn der Kultus selbst besteht nur als geordnete Sitte; und da es den Anordnungen an aller äußeren Sanktion fehlt, so beruht ihre Giltigkeit auch nur auf der Wirksamkeit vermittelst der Vorstellung. Dies zwiefache Verhältnis wird aber auch sein Recht behaupten.

§ 270. Da die Hervorragenden dieses nur sind vermöge der beiden Elemente der theologischen Gesinnung, das Gleich= gewicht von diesen aber nirgend genau vorauszusetzen ist: so wird es auch eine leitende Wirksamkeit geben, welche mehr klerikalisch ist, und eine mehr theologische im engeren Sinne des Wortes.

Es ist nicht nachzuweisen, daß diese Differenz mit der vorigen zu= sammenfällt, noch weniger, daß sie nur das eine Glied derselben teilt; mithin sind beide vorläufig als koordiniert und sich kreuzend zu betrachten.

§ 271. Das Christentum wurde erst geschichtlich, als die Gemeinschaft aus einer Verbindung mehrerer räumlich be= stimmter Gemeinden bestand, die aber auch jede den Gegensatz zur Gestalt gebracht hatten, als wodurch sie erst Gemeinden wurden. Daher nun giebt es eine leitende Wirksamkeit, deren Gegenstand die einzelne Gemeinde als solche ist, und die also nur eine lokale bleibt, und eine auf das Ganze gerichtete, welche die organische Verbindung der Gemeinen, das heißt die Kirche, zum Gegenstand hat.

Auch dieser Gegensatz ist unvollständig, indem mittelbar aus der Leitung der einzelnen Gemeine etwas für das Ganze hervorgehen kann; und ebenso kann eine aus dem Standpunkt des Ganzen bestimmte leitende Thätigkeit zufällig nur eine einzelne Gemeine treffen. Im wirklichen Verlauf findet sich beides sehr bestimmt.

§ 272. In Zeiten der Kirchentrennung sind nur die Gemeinden eines Bekenntnisses organisch verbunden, und die allgemeine leitende Thätigkeit in ihrer Bestimmtheit nur auf diesen Umfang beschränkt.

Es giebt allerdings auch Einwirkungen von einer Kirchengemeinschaft aus auf andere; aber sie können nicht den Charakter einer leitenden Thätigkeit haben. — Aber auch wenn keine solche Trennung wäre, würden doch bei der gegenwärtigen Verbreitung des Christentums äußere Gründe das Bestehen einer allgemeinen alle Christengemeinen auf Erden umfassenden Kirchenleitung un= möglich machen.

§ 273. Da nun die Verfahrungsweisen sich richten müssen nach der Art, wie der Gegensatz gefaßt und gestaltet ist: so muß auch die Theorie der Kirchenleitung eine andere sein für jede anders konstituierte Kirchengemeinschaft; und wir können daher eine praktische Theologie nur aufstellen für die evange= lische Kirche.

Ja nicht einmal ganz für diese, da auch innerhalb ihrer zu viele Verschiedenheiten des Kultus und besonders der Verfassung vor= kommen. Wir werden daher zunächst nur die deutsche im Auge haben.

§ 274. Wir sehen den zuletzt in § 271 ausgesprochenen Gegensatz als den obersten Teilungsgrund an, und nennen die leitende Thätigkeit mit der Richtung auf das Ganze das Kirchenregiment, die mit der Richtung auf die einzelne Lokalgemeine den Kirchendienst.

Nicht als ob es in der Natur der Sache läge, daß dies die Haupt= einteilung sein müßte, sondern weil dies dem gegenwärtigen Zu= stand unserer Kirche das Angemessenste ist. Es giebt anderwärts Verhältnisse, in denen von Kirchenregiment in diesem Sinne wenig zu sagen wäre, weil es nur ein sehr loses Band ist, wodurch eine Mehrheit von Gemeinen zusammengehalten wird. — Für unsere beiden Teile bietet sich übrigens noch eine andere Be= nennungsweise dar, nämlich wenn der eine Kirchenregiment heißt, den anderen Gemeinderegiment zu nennen. Die obige ist aber aus demselben Grunde vorgezogen worden, aus welchem dies die Haupteinteilung geworden, weil nämlich der Verband der Ge= meinen, wie wir ihn vorzugsweise Kirche nennen, hervorragt, und es daher angemessen ist, auch den anderen Teil auf diese Gesamtheit zu beziehen; da denn die Pflege eines einzelnen Teils nur erscheinen kann als ein Dienst, der dem Ganzen geleistet wird.

§ 275. Der Inhalt der praktischen Theologie erschöpft sich in der Theorie des Kirchenregimentes im engeren Sinne und in der Theorie des Kirchendienstes.

Die oben §§ 269 und 270 angegebenen Gegensätze müssen nämlich in diesen beiden Hauptteilen aufgenommen und durchgeführt werden.

§ 276. Die Ordnung ist an und für sich gleichgiltig. Wir ziehen vor, den Anfang zu machen mit dem Kirchen= dienst, und das Kirchenregiment folgen zu lassen.

Gleichgiltig ist sie, weil auf jeden Fall die Behandlung des voran= gehenden Teiles doch auf den Begriff des hernach zu behandelnden, und auf die mögliche verschiedene Gestaltung desselben Rücksicht nehmen muß. — Es ist aber die natürliche Ordnung, daß diejenigen, welche sich überhaupt zur Kirchenleitung eignen, ihre öffentliche Thätigkeit mit dem Kirchendienste beginnen.

Erster Abschnitt.
Die Grundsätze des Kirchendienstes.

§ 277. Die örtliche Gemeine als ein Inbegriff in dem= selben Raum lebender und zu gemeinsamer Frömmigkeit ver= bundener christlicher Hauswesen gleichen Bekenntnisses ist die einfachste vollkommen kirchliche Organisation, innerhalb welcher eine leitende Thätigkeit stattfinden kann.

Der Sprachgebrauch giebt noch Landesgemeine, Kreisgemeine; aber hier findet nicht immer eben eine gemeinsame Übung der Frömmig= keit statt. Er giebt uns auch Hausgemeine; allein hier ist die leitende Thätigkeit nicht eine eigentümlich vom religiösen Interesse ausgehende.

§ 278. Der Gegensatz überwiegender Wirksamkeit und überwiegender Empfänglichkeit muß, wenn ein Kirchendienst stattfinden soll, wenigstens für bestimmte Momente überein= stimmend fixiert sein.

Ohne bestimmte Momente kein gemeinsames Leben, und ohne Über=
einkommen, wer mitteilend sein soll und wer empfänglich, wäre
es nur Verwirrung. Die Verteilung wird eine willkürliche bei
Voraussetzung der größten Gleichheit; aber auch bei der größten
Ungleichheit muß doch Empfänglichkeit allen zukommen. — Die
Bestimmung dieses Verhältnisses für jede Gemeine gehört der
Natur der Sache nach dem Kirchenregiment an.

§ 279. Die leitende Thätigkeit im Kirchendienst ist (vergl.
§ 269) teils die erbauende im Kultus oder dem Zusammen=
treten der Gemeine zur Erweckung und Belebung des frommen
Bewußtseins, teils die regierende, und zwar hier nicht nur
durch Anordnung der Sitte, sondern auch durch Einfluß auf
das Leben der einzelnen.

Diese zweite Seite konnte oben (§ 269) nur so bezeichnet werden, wie
es auch für das Kirchenregiment gilt. Der Kirchendienst aber
würde einen großen Teil seiner Aufgabe verfehlen, wenn die
leitende Thätigkeit sich nicht auch einzelne zum Gegenstand machte.

§ 280. Die erbauende Wirksamkeit im christlichen Kultus
beruht überwiegend auf der Mitteilung des zum Gedanken
gewordenen frommen Selbstbewußtseins, und es kann eine
Theorie darüber nur geben, sofern diese Mitteilung als Kunst
kann angesehen werden.

Das überwiegend gilt zwar (vergl. § 49) vom Christentum über=
haupt, in diesem aber wiederum vorzüglich von dem evangelischen.
— Gedanke ist hier im weiteren Sinne zu nehmen, in welchem
auch die Elemente der Poesie Gedanken sind. Kunst in gewissem
Sinne muß in jeder zusammenhängenden Folge von Gedanken
sein. Die Theorie muß beides zugleich umfassen, in welchem
Grade Kunst hier gefordert wird oder zugelassen, und durch welche
Verfahrungsweisen die Absicht zu erreichen ist.

§ 281. Das Materiale des Kultus im engeren Sinne
können nur solche Vorstellungen sein, welche auch im In=
begriff der kirchlichen Lehre ihren Ort haben; und die Theorie
hat also, was den Stoff betrifft, zu bestimmen, was für
Elemente der gemeinen Lehre und in welcher Weise sich für
diese Mitteilung eignen.

Materiale im engeren Sinne sind diejenigen Vorstellungen, welche für sich selbst sollen mitgeteilt werden, im Gegensatz derer, die diesen nur dienen als Erläuterung und Darstellungsmittel. — Und da dieselben Vorstellungen in der mannigfaltigsten Weise vom Volksmäßigen bis zum streng Wissenschaftlichen, von der Umgangssprache bis zur rednerischen und dichterischen verarbeitet sind; so muß bestimmt werden, welche von diesen Schattierungen allgemein oder in verschiedener Beziehung sich für den Kultus eignen.

§ 282. Da der christliche Kultus und besonders auch der evangelische, aus prosaischen und poetischen Elementen zusammengesetzt ist: so ist, was die Form anlangt, zuerst zu handeln von dem religiösen Stil, dem prosaischen sowohl als dem poetischen, wie er dem Christentum eignet; dann aber auch von den verschiedenen Mischungsverhältnissen beider Elemente, wie sie in dem evangelischem Kultus vorkommen können.

Die Theorie der kirchlichen Poesie gehört wenigstens insoweit in die Lehre vom Kirchendienst, als auch die Auswahl aus dem vorhandenen nach denselben Grundsätzen muß gemacht werden.

§ 283. Einförmigkeit und Abwechselung haben auf die Wirksamkeit aller Darstellungen dieser Art unverkennbaren Einfluß; daher ist auch die Frage zu beantworten, inwiefern, rein aus dem Interesse des Kultus, der besseren Einsicht die Rücksicht auf das Bestehende aufgeopfert werden muß, oder umgekehrt.

Zunächst scheint die Frage nur hierher zu gehören in dem Maß als sie innerhalb der Gemeine selbst entschieden werden kann ohne Zutritt des Kirchenregimentes. Allein da die Gemeine doch auch ganz frei sein kann in dieser Beziehung, so wird diese Sache am besten ganz hierher gezogen.

§ 284. So sehr es auch dem Geist der evangelischen Kirche gemäß ist, die religiöse Rede als den eigentlichen Kern des Kultus anzusehen: so ist doch die gegenwärtig unter uns herrschende Form derselben, wie wir sie eigentlich durch den

Ausdruck Predigt bezeichnen, in dieser Bestimmtheit nur etwas Zufälliges.

Dies geht hinreichend schon aus der Geschichte unseres Kultus hervor; noch deutlicher wird es, wenn man untersucht, wovon die große Ungleichheit in der Wirksamkeit dieser Vorträge eigentlich abhängt.

§ 285. Da die Disciplin, welche wir Homiletik nennen, gewöhnlich diese Form als feststehend voraussetzt, und alle Regeln hauptsächlich auf diese bezieht: so wäre es besser, diese Beschränktheit fahren zu lassen, und den Gegenstand auf eine allgemeinere und freiere Weise zu behandeln.

Der Unterschied zwischen eigentlicher Predigt und Homilie, welcher seit einiger Zeit so berücksichtigt zu werden anfängt, daß man für die letztere eine besondere Theorie aufstellt, thut der Forderung unseres Satzes bei weitem nicht Genüge.

§ 286. Fast überall finden wir in der evangelischen Kirche den Kultus aus zwei Elementen bestehend, dem einen, welches ganz der freien Produktivität dessen, der den Kirchendienst verrichtet, anheimgestellt ist, und einem anderen, worin dieser sich nur als Organ des Kirchenregimentes verhält.

In der ersten Hinsicht ist er vorzüglich der Prediger, in der anderen der Liturg.

§ 287. Von dem liturgischen Element kann hier nur die Rede sein unter der Voraussetzung, daß und in welchem Maß eine freie Selbstbestimmung auch hierbei noch statt-findet.

Die Frage über diese Selbstbestimmung kann nur aus dem Stand-punkt des Kirchenregimentes entschieden werden. Hier könnte sie es nur, sofern nachzuweisen wäre, daß eine gänzliche Verneinung mit dem Begriff des Kultus in der evangelischen Kirche streitet.

§ 288. Da der Kirchendienst im Kultus wesentlich an organische Thätigkeiten gebunden ist, welche eine der Hand-lung gleichzeitige Wirkung hervorbringen: so ist zu entscheiden, ob und inwiefern auch diese ein Gegenstand von Kunstregeln sein können, und solche sind demgemäß aufzustellen.

Die Regeln wären dann eine Anwendung der Mimik in dem weiteren Sinne des Wortes auf das Gebiet der religiösen Darstellung.

§ 289. Da die Handlungen des Kirchendienstes an eine beschränkte Räumlichkeit gebunden sind, welche ebenfalls durch ihre Beschaffenheit einen gleichzeitigen Eindruck machen kann: so ist zu entscheiden, inwiefern ein solcher zulässig ist oder wünschenswert, und demgemäß Regel darüber anzustellen.

Da die Umgrenzung des Raumes nur eine äußere Bedingung, mithin Nebensache, nicht ein Teil des Kultus selbst ist: so würden die Regeln nur sein können eine Anwendung der Theorie der Verzierungen auf das Gebiet der religiösen Darstellung.

§ 290. Sehen wir lediglich auf den Gegensatz überwiegend Produktiver und überwiegend Empfänglicher innerhalb der Gemeine, sodaß wir die letzteren als gleich betrachten: so kann es in der Gemeine eine leitende Thätigkeit geben, welche Gemeinsames hervorbringt: sofern aber unter den Empfänglichen ein Teil hinter dem Ganzen zurückbleibt: so ist ihr Zustand als Einzelner Gegenstand der leitenden Thätigkeit.

Die letztere ist schon unter dem Namen der Seelsorge bekannt; und wir machen mit ihr den Anfang, da immer die Aufhebung einer solchen Ungleichheit als die erste Aufgabe erscheint. Erstere nennen wir die anordnende, und sie bringt sowohl Lebensweisen hervor als einzelne gemeinsame Werke.

§ 291. Gegenstände der Seelsorge im weiteren Sinne sind zunächst die Unmündigen in der Gemeine zu erziehenden; und die Theorie der zur Organisation des Kirchendienstes Gehörenden auf sie zu richtenden Thätigkeit wird die Katechetik genannt.

Der Name ist nur von einer zufälligen Form der unmittelbaren Ausübung hergenommen, mithin für den ganzen Umfang der Aufgabe zu beschränkt.

§ 292. Das katechetische Geschäft kann nur richtig geordnet werden, wenn zwischen allen Beteiligten eine Einigung über den Anfangspunkt und Endpunkt desselben besteht.

Sofern also ist, wenn diese Einigung sich nicht von selbst ergiebt, das Geschäft sowohl als die Theorie abhängig von der ordnenden Thätigkeit.

§ 293. Vermöge des Zweckes, die Unmündigen den Mündigen gleich zu machen, sofern nämlich diese die Empfänglichen sind, muß das Geschäft aus zwei Teilen bestehen, daß sie nämlich ebenso empfänglich werden für die erbauende Thätigkeit und auch ebenso (vergl. § 279) für die ordnende; und die Aufgabe ist beides durch ein und dasselbe Verfahren zu erreichen.

Das erste ist die Belebung des religiösen Bewußtseins nach der Seite des Gedankens hin, das andere die Erweckung desselben nach der Seite des Impulses.

§ 294. Sofern aber zugleich der Zweck sein muß, sie zu einer größeren Annäherung an die überwiegend Selbstthätigen vorzubereiten: so ist zu bestimmen, wie dies geschehen könne, ohne ihr Verhältnis zu den anderen Mündigen zu stören.

Wie die Katechetik überhaupt auf die Pädagogik als Kunstlehre zurückgeht: so ist auch dieses eine allgemein pädagogische Aufgabe, die sich aber doch in Bezug auf das religiöse Gebiet auch besonders bestimmt.

§ 295. Da nach beiden Seiten (vergl. § 293) hin nicht nur die Frömmigkeit im Gegensatz gegen das sinnliche Selbstbewußtsein, sondern auch in ihrem christlichen Charakter und als die evangelische zu entwickeln ist: so ist auch hier das Verhalten der individuellen und universellen Richtung zu einander, sowohl in Bezug auf die Ausgleichung als die Fortschreitung (vergl. § 294) zu bestimmen.

Es ist um so notwendiger, diese Aufgabe in die Theorie aufzunehmen, als in der neuesten Zeit die merkwürdigsten Verirrungen in diesem Punkt vorgekommen sind.

§ 296. Aus ähnlichem Grunde können diejenigen Einzelnen Gegenstände einer ähnlichen Thätigkeit werden, welche als religiöse Fremdlinge im Umkreis oder der Nähe einer

Gemeine leben, und dies erfordert dann eine Theorie über die Behandlung der Konvertenden.

Je bestimmter die Grundsätze der Katechetik aufgestellt sind, um desto leichter müssen sich diese daraus ableiten lassen.

§ 297. Da aber diese Wirksamkeit nicht so natürlich begründet ist: so wären auch Merkmale aufzustellen, um zu erkennen, ob sie gehörig motiviert ist.

Denn es kann hier auf beiden Seiten gefehlt werden, durch zu leichtes Vertrauen und durch zu ängstliche Zurückhaltung.

§ 298. Bedingterweise könnte sich eben hier auch die Theorie des Missionswesens anschließen, welche bis jetzt noch so gut als gänzlich fehlt.

Am leichtesten freilich nur, wenn man davon ausgeht, daß alle Bemühungen dieser Art nur gelingen, wo eine christliche Gemeine besteht.

§ 299. Einzeln können solche Mitglieder der Gemeine Gegenstände für die Seelsorge werden, welche ihrer Gleichheit mit den anderen durch innere oder äußere Ursachen verlustig gegangen sind; und die Beschäftigung mit diesen nennt man die Seelsorge im engeren Sinne.

Da nämlich die Gleichheit in der Wirklichkeit immer nur das kleinste der Ungleichheit ist: so sollen diejenigen, die unter den Gleichen die Letzten sind, hier nicht gemeint sein: wie denn diese auch immer vorhanden sind, jene aber nur zufällig.

§ 300. Da nun in diesem Falle ein besonderes Verhältnis anzuknüpfen ist: so hat die Theorie zunächst zu bestimmen, ob es überall auf beiderlei Weise entstehen kann, von dem Bedürftigen aus und von dem Mitteilenden aus, oder unter welchen Verhältnissen, welche Weise die richtige ist.

Die große Verschiedenheit der Behandlung dieses Gegenstandes in verschiedenen Teilen der evangelischen Kirche ist bis jetzt weder konstruiert noch beseitigt.

§ 301. Da ein solcher Verlust der Gleichheit aus inneren Ursachen sich nur in einer Opposition zeigen kann gegen die

erbauende oder die ordnende Thätigkeit: so ist demnächst zu
bestimmen, ob und wie im Geist der evangelischen Kirche das,
Verfahren aus beiden Elementen (vergl. § 279) zusammen=
zusetzen ist; endlich auch), ob, wenn die Seelsorge ihren Zweck
nicht erreicht ihr Geschäft immer nur als noch nicht beendigt
anzusehen ist, oder ob und wann und inwiefern der Zu=
sammenhang der unempfänglich Gewordenen mit den Leitenden
als aufgehoben kann angesehen werden.

> Die Aufhebung dieses Zusammenhanges zöge auch die des Zu=
> sammenhanges mit der Gemeine als solcher nach sich.

§ 302. In Hinsicht der durch die Wirksamkeit äußerer
Ursachen notwendig gewordenen Seelsorge ist außer der ersten
Aufgabe (vergl. § 300) nur noch zu bestimmen, wie die Über=
einstimmung dieser amtlichen Wirksamkeit, die wesentlich die
geistige Krankenpflege umfaßt, mit der geselligen der Empfäng=
lichen aus der Gemeine zu erreichen ist.

> Denn das im § 301 in Frage Gestellte kann hier kaum streitig
> sein, da hier nur zu ergänzen ist, was durch den momentan auf=
> gehobenen Anteil im gemeinsamen Leben versäumt wird. Die er=
> bauende Thätigkeit grenzt hier zu nahe an das gewöhnliche Ge=
> spräch, um einer besonderen Theorie zu bedürfen.

§ 303. Die innerhalb der Gemeine anordnende Thätigkeit
(vergl. § 290) erscheint in Beziehung auf die Sitte beschränkt,
teils durch die umfassenderen Einwirkungen des Kirchen=
regimentes, teils durch die unabweisbaren Ansprüche der per=
sönlichen Freiheit.

> Man kann nur sagen erscheint; denn die Leitenden müssen durch
> ihr eigenes persönliches Freiheitsgefühl zurückgehalten werden, nicht
> in dieses Gebiet einzugreifen. Eben dadurch aber sollten auch die
> Leitenden im Kirchenregiment abgehalten werden, nicht centralisierend
> in das Gebiet der Gemeine einzugreifen.

§ 304. Da die evangelische Sitte ebenso wie die Lehre,
im Gegensatz gegen die katholische Kirche, noch in der Ent=
wicklung begriffen ist: so sind nur im allgemeinen Regeln
aufzustellen, wie das Gesamtleben von einem gegebenen Zu=

stande aus allmählich der Gestalt näher gebracht werden kann, welche der reiferen Einsicht der vorgeschrittenen gemäß ist.

Der gegebene Zustand kann entweder noch unerkannt mancherlei vom Katholicismus in sich tragen, oder auch irrtümlich Schranken, welche das Christentum selbst stellt, überschritten haben.

§ 305. Da das Leben auch in der christlichen Gemeine zugleich durch gesellige und bürgerliche Verhältnisse bestimmt wird: so ist anzugeben, auf welche Weise auch in diesem Gebiet, so weit dies von lokalen Bestimmungen ausgehen kann, dem Einfluß des christlichen und evangelischen Geistes größere Geltung zu verschaffen ist.

Überall kann hier nur von der Verfahrungsweise die Rede sein, indem das Materielle der ordnenden Thätigkeit von der geltenden Auffassung der christlichen Lehre, besonders der Sittenlehre ab=hängt.

§ 306. Da von der ordnenden Thätigkeit auch die Auf=forderungen zur Vereinigung der Kräfte ausgehen müssen zum Behuf aller solcher gemeinsamen Werke, welche in dem Be=griff und Bereich der Gemeine liegen: so ist es wichtig, diese Grenze (vergl. § 303) zu bestimmen.

Die Aufgabe ist, dasjenige was für die amtliche Wirksamkeit gehört und beständig fortgeht, z. B. das ganze Gebiet des Diakonats im ursprünglichen Sinn, von dem zu scheiden, was nur von dem persönlichen Verhältnis einzelner Leitenden auf einen Teil der Masse ausgehen kann.

§ 307. Der Kirchendienst ist hier als ein Gebiet be=handelt worden, ohne die verschiedene mögliche Weise der Geschäftsverteilung irgend beschränken zu wollen.

Sonst hätten wir hier schon die Theorie der kirchlichen Verfassung vorwegnehmen müssen. Wir können daher auch hier nur nach alter Weise alle, die an den Geschäften des Kirchendienstes teil=nehmen, in dem Ausdruck Klerus auf dieser Stufe zusammen=fassen.

§ 308. Auch nur in dieser Allgemeinheit kann daher die Frage behandelt werden, ob und was für einen Einfluß das kirchliche Verhältnis zwischen Klerus und Laien auf das

Zusammensein der ersten mit den letzten sowohl in den bürger=
lichen als in den geselligen und wissenschaftlichen Verhältnissen
werde zu äußern haben.

Die Aufgaben, welche gewöhnlich unter dem Namen der Pastoral=
klugheit behandelt wurden, erscheinen hier als ganz untergeordnet,
und ihre Lösung beruht auf der Erledigung der Frage, ob und
welcher specifische Unterschied stattfinde zwischen den Mitgliedern
des Klerus, welche den Kultus leiten, und den übrigen.

Zweiter Abschnitt.
Die Grundsätze des Kirchenregimentes.

§ 309. Wenn das Kirchenregiment in der Gestaltung
eines Zusammenhanges unter einem Complexus von Gemeinden
beruht: so ist zunächst die Mannigfaltigkeit der Verhältnisse,
welche sich zwischen dem Kirchenregiment und den Gemeinden
entwickeln können, zu verzeichnen, und zu bestimmen, ob durch
den eigentümlichen Charakter der evangelischen Kirche einige
Formen bestimmt ausgeschlossen oder andere bestimmt postu=
liert werden.

Es wird nämlich vorausgesetzt, daß die Gestaltung eines solchen
Zusammenhanges weder dem Wesen des Christentums wider=
spricht, noch die Selbstthätigkeit der Gemeinen aufhebt.

§ 310. Da die Art und Weise, wie sich die überwiegend
Selbstthätigen in einem solchen geschlossenen Complexus zur
Ausübung des Kirchenregimentes gestalten, und wie sich dessen
Wirksamkeit und die freie Selbstthätigkeit der Gemeinen gegen=
seitig erregt und begrenzt, die innere Kirchenverfassung bildet:
so hat die obige Aufgabe die Tendenz, diese für die evange=
lische Kirche sowohl in ihrer Mannigfaltigkeit als in ihrem
Gegensatz gegen die katholische auf Grundsätze zurückzuführen.

Die Lösung muß einerseits auf dogmatische Sätze zurückgehen,
und kann anderseits nur durch zweckmäßigen Gebrauch der
Kirchengeschichte und der kirchlichen Statistik gelingen.

§ 311. Da die evangelische Kirche dermalen nicht einen
Complexus von Gemeinen bildet, und in verschiedenen auch
die innere Verfassung eine andere ist, die Theologie hingegen
für alle dieselbe sein soll: so muß die Theorie des Kirchen=
regimentes ihre Aufgaben so stellen, wie sie für alle mög=
lichen evangelischen Verfassungen dieselben sind, und von jeder
aus können gelöst werden.

> Das dermalen soll nur bevorworten, daß die Unmöglichkeit einer
> jeden äußeren Einheit der evangelischen Kirche wenigstens nicht
> entschieden ist.

§ 312. Da jedes geschichtliche Ganze nur durch dieselben
Kräfte fortbestehen kann, durch die es entstanden ist: so besteht
das evangelische Kirchenregiment aus zwei Elementen, dem
gebundenen, nämlich der Gestaltung des Gegensatzes für den
gegebenen Complexus, und dem ungebundenen, nämlich der
freien Einwirkung auf das Ganze, welche jedes einzelne Mit=
glied der Kirche versuchen kann, das sich dazu berufen glaubt.

> Die evangelische Kirche nicht nur in Bezug auf die Berichtigung der
> Lehre, sondern auch ihre Verfassung oder ihr gebundenes Kirchen=
> regiment, ist ursprünglich aus dieser freien Einwirkung entstanden,
> ohne welche auch, da das gebundene mit der Verfassung identisch
> ist, eine Verbesserung der Verfassung denkbarerweise nicht er=
> folgen könnte. — Damit die letzte Bestimmung nicht tumultuarisch
> erscheine, muß nur bedacht werden, daß wenn sich einer, der nicht
> zu den überwiegend produktiven gehört, doch berufen glauben
> sollte, der Versuch von selbst in nichts zerfallen würde.

§ 313. Beide können nur denselben Zweck haben (vergl.
§ 25), die Idee des Christentums nach der eigentümlichen
Auffassung der evangelischen Kirche in ihr immer reiner zur
Darstellung zu bringen, und immer mehr Kräfte für sie zu
gewinnen. Das organisierte Element aber, die kirchliche Macht
oder richtiger Autorität, kann dabei ordnend oder beschränkend
auftreten, das nicht organisierte oder die freie geistige Macht
nur aufregend und warnend.

> Einverstanden jedoch, daß auch der kirchlichen Macht jede äußere
> Sanktion für ihre Aussprüche fehlt; sodaß der Unterschied wesentlich

darauf hinausläuft, daß diese als Ausdruck des Gemein=
geistes und Gemeinsinnes wirken, die freie geistige Macht aber
etwas erst in den Gemeinsinn und Gemeingeist bringen will.

§ 314. Der Zustand eines kirchlichen Ganzen ist desto
befriedigender, je lebendiger beiderlei Thätigkeiten ineinander
greifen, und je bestimmter auf beiden Gebieten mit dem Be=
wußtsein ihres Gegensatzes gehandelt wird.

Die kirchliche Autorität hat also zu vereinigen, und die Theorie muß
die Formel dafür (vergl. § 310) aufsuchen, wie ihr überwiegend
obliegt, das durch die letzte Epoche gebildete Princip zu erhalten
und zu befestigen, zugleich aber auch die Äußerungen freier
Geistesmacht zu begünstigen und zu beschützen, welche allein die
Anfänge zu umbildenden Entwicklungen hervorbringen kann. Ebenso
für die freie Geistesmacht, wie sie ohne der Stärke der Über=
zeugung etwas zu vergeben, sich doch mit dem begnügen könne,
was durch die kirchliche Autorität ins Leben zu bringen ist.

§ 315. Da ein größerer kirchlicher Zusammenhang nur
stattfinden kann bei einem gewissen Grade von Gleichheit oder
einer gewissen Leichtigkeit der Ausgleichung unter den ihn
konstituierenden Gemeinen: so hat auch überall die kirchliche
Autorität einen Anteil an der Gestaltung und Aufrechthaltung
des Gegensatzes zwischen Klerus und Laien in den Ge=
meinen.

Nämlich nur ein Anteil, weil die Gemeine früher ist als der kirch=
liche Nexus, und weil sie nur ist, sofern dieser Gegensatz in ihr
besteht.

§ 316. Da dieser Anteil ein größtes und ein kleinstes
sein kann: so hat die Theorie diese Verschiedenheit erst zu
fixieren, und dann zu bestimmen, welchen anderweitigen Ver=
hältnissen und Zuständen jede Weise zukomme, und ob sie
dieselbige sei für alle Funktionen des Kirchendienstes oder eine
andere für andere.

Denn daß in diesem scheinbar stetigen Übergang vom kleinsten zum
größten sich doch gewisse Punkte als Hauptunterschiede feststellen
lassen, versteht sich aus allen ähnlichen Fällen von selbst.

§ 317. Da ferner jene Gleichheit weder als unveränder=
lich noch als sich immer von selbst wiederherstellend angesehen
werden kann, mithin sie zugleich ein Werk der kirchlichen
Autorität sein muß: so ist die Art und Weise, diesen Einfluß
auszuüben, das heißt der Begriff der kirchlichen Gesetzgebung,
zu bestimmen.

> Zugleich; weil sie nämlich in gewissem Sinne schon vorhanden
> sein muß vor der kirchlichen Autorität. — Der Ausdruck Ge=
> setzgebung bleibt, weil die kirchliche Autorität ebenfalls aller
> äußeren Sanktion entbehrt, immer ungenau.

§ 318. Da nun diese Gleichheit zunächst nur erscheinen
kann im Kultus und in der Sitte, beide aber an sich der
adäquate Ausdruck der an jedem Orte herrschenden Frömmig=
keit sein sollen: so entsteht die Aufgabe, beides durch die
kirchliche Gesetzgebung zu vereinigen und vereint zu erhalten.

> Es liegt in der Natur der Sache, daß dies nur durch Annäherung
> geschehen kann, und daß also die Theorie vorzüglich darauf sehen
> muß, das Schwanken zwischen dem Übergewicht des einen und
> des anderen in möglichst enge Grenzen einzuschließen.

§ 319. Da beide nur, sofern sie sich selbst gleich bleiben,
als Ausdruck der kirchlichen Einheit fortbestehen können, alles
aber was und sofern es Ausdruck und Darstellungsmittel ist,
seinen Bedeutungswert allmählich ändert: so entsteht die Auf=
gabe für die Gesetzgebung, sowohl die Freiheit und Beweg=
lichkeit von beiden anzuerkennen als auch ihre Gleichförmigkeit
zu begründen.

> Hierdurch muß sich zugleich auch das Verhältnis der kirchlichen
> Autorität zum Kirchendienst in der Konstitution des Kultus und
> der Sitte wenigstens in bestimmte Grenzen einschließen.

§ 320. Der kirchlichen Autorität muß ferner geziemen,
im Falle einer Opposition in den Gemeinen, rühre sie nun
her (vergl. § 299) von einzelnen aus der Einheit mit dem
Ganzen gefallenen oder von zurückgetretener Einheit über=
haupt, als höchster Ausdruck des Gemeingeistes den Ausschlag

zu geben, wenn innerhalb der Gemeine keine Einigung zu er=
zielen ist.

> Geltend wird dieser Ausschlag immer nur, sofern auch die Oppo=
> nenten nicht aufhören wollen, in diesem kirchlichen Verein ihren
> christlichen Gemeinschaftsbetrieb zu befriedigen.

§ 321. Insofern die kirchliche Autorität hierauf ent=
weder durch allgemeine Bestimmungen einwirkt, oder wenig=
stens solchen folgt, wo sie einzeln zutritt, muß hier die Frage
erledigt werden, ob und unter welchen Verhältnissen in einem
evangelischen Kirchenverein Kirchenzucht stattfinde oder auch
Kirchenbann.

> Letzterer nämlich sofern die Aufhebung des Verhältnisses eines
> einzelnen zur Gemeine oder zum Kirchenverein von der Autorität
> ausgesprochen werden kann. Ersteres insofern eine stattgehabte
> Opposition nur durch eine öffentliche Anerkennung ihrer Un=
> richtigkeit solle beendigt werden können.

§ 322. Über das Verhältnis der kirchlichen Autorität zu
dem Lehrbegriff machen sich noch so entgegengesetzte Ansichten
geltend, daß es unmöglich scheint, einen gemeinsamen Aus=
gangspunkt zu finden, sodaß eine Theorie nur bedingterweise
kann aufgestellt werden.

> Ja, es möchte sogar nicht einmal leicht sein, die Parteien zum Ein=
> verständnis über den Ort, wo der Streit entschieden werden sollte,
> mithin gleichsam zur Wahl eines Schiedsrichters zu bringen.

§ 323. Ausgehend einerseits davon, daß der evangelische
Kirchenverein entstanden ist mit und fast aus der Behauptung,
daß keiner Autorität zustehe, den Lehrbegriff festzustellen oder
zu ändern, anderseits davon, daß wir ungeachtet der Mehr=
heit evangelischer Kirchenvereine, welche verschiedenen Maximen
folgen, doch eine evangelische Kirche und eine diese Einheit
bezeugende Lehrgemeinschaft anerkennen, glauben wir die Auf=
gabe nur so stellen zu dürfen. Es sei zu bestimmen, wie die
kirchliche Autorität eines jeden Vereins, anerkennend, daß
Änderungen in den Lehrsätzen und Formeln nur entstehen

dürfen aus den Forschungen einzelner, wenn diese in die Überzeugung der Gemeine aufgenommen werden, diese Wirksamkeit der
freien Geistesmacht beschützen, zugleich aber die Einheit der
Kirche in den Grundsätzen ihres Ursprungs festhalten könne.

Natürlich soll keineswegs ausgeschlossen werden, daß nicht dieselben,
welche als kirchliche Autorität wirken, auch könnten die Wirksamkeit der freien Forschung ausüben; sondern nur um so strenger
ist darauf zu halten, daß sie dies nicht in der Weise und unter
der Firma der kirchlichen Autorität thun. — Ganz entgegengesetzt
aber muß die Aufgabe gestellt werden, wenn man von der Voraussetzung ausgeht, daß die Kirche nur durch eine in einem an-
zugebenden Grade genaue Gleichförmigkeit der Lehre als eine
bestehe.

§ 324. Das obige (vergl. § 322) gilt auch von den
Rechten und Obliegenheiten der kirchlichen Autorität in Bezug
auf die Verhältnisse der Kirche zum Staat, indem keine Hand-
lungsweise, welche irgend vorgeschrieben werden könnte, sich
einer allgemeinen Anerkennung erfreuen würde.

Nur dies scheint bemerklich zu sein, daß da, wo die evangelische
Kirche gänzlich vom Staat getrennt ist, niemand andere Wünsche
hegt; da aber, wo eine engere Verbindung zwischen beiden statt-
findet, die Meinungen in der Kirche geteilt sind.

§ 325. Ausgehend einerseits davon, daß wenn die Kirche
nicht will eine weltliche Macht sein, sie auch nicht darf in
die Organisation derselben verflochten sein wollen, anderseits
davon, daß was Mitglieder der Kirche, welche an der Spitze
des bürgerlichen Regiments stehen, in dem kirchlichen Gebiet
thun, sie doch nur in der Form der Kirchenleitung thun können,
vermögen wir die Aufgabe nur so zu stellen. Es sei zu bestimmen, auf welche Weise die kirchliche Autorität unter den
verschiedenen gegebenen Verhältnissen dahin zu wirken habe,
daß die Kirche weder in eine kraftlose Unabhängigkeit vom
Staat, noch in eine wie immer angesehene Dienstbarkeit unter
ihm gerate.

Die Theorie ist höchst schwierig aufzustellen, und gewährt doch
wenig Ausbeute, weil, wenn die kirchliche Autorität schon eine

Verschmelzung der Kirche mit der politischen Organisation oder eine den Einfluß äußerer Sanktion benutzende Verfahrungsart in kirchlichen Angelegenheiten vorfindet, sie unter ihrer Form nur indirekt dagegen wirken kann, alles andere aber von den all= mählichen Einwirkungen der freien Geistesmacht erwarten muß. — Und wie wenig Übereinstimmung auch in den ersten Grund= sätzen ist, wird am besten daraus klar, daß, wo die Kirche sich in einer Dienstbarkeit ohne Ansehen befindet, immer einige vor= ziehen werden, in der Dienstbarkeit Ansehen zu erwerben, andere aber unangesehen zu bleiben, wenn sie nur unabhängig werden können.

§ 326. Dieselbe Aufgabe kehrt noch in einer besonderen Beziehung wieder, wenn der Staat die gesamte Organisation der Bildungsanstalten in die seinige aufgenommen hat, indem alsdann in Beziehung auf die geistige Bildung, durch welche allein sowohl der evangelische Kultus erhalten werden als auch eine freie Geistesmacht in der Kirche bestehen kann, eben= falls kraftlose Unabhängigkeit oder wohlhabende Dienstbarkeit drohen.

Für dieses Gebiet kann unter ungünstigen Umständen sehr leicht das schwierige und nicht auf einfache Weise zu lösende Dilemma entstehen, ob der Kirchenverein sich solle mit dem wenn auch noch so dürftigen Apparat begnügen, den er sich unabhängig erwerben und bewahren kann, oder ob er es wagen solle, auch aus mit nicht evangelischen Elementen versetzten Quellen zu schöpfen.

§ 327. Da die verschiedenen für sich abgeschlossenen Ge= meinvereine, welche zusammen die evangelische Kirche bilden, teils durch äußerliche der Veränderung unterworfene Verhält= nisse, teils durch Differenzen in der Sitte oder Lehre, deren Schätzung ebenfalls der Veränderung unterworfen ist, gerade so begrenzt sind, die meisten aber sich durch diese Begrenzung an ihrer Selbständigkeit gefährdet finden: so entsteht die Auf= gabe für jeden von ihnen, sich einem genaueren Zusammen= hang mit den übrigen offen zu halten und ihn in seinem Innern vorzubereiten, damit keine günstige Gelegenheit ihn hervorzurufen versäumt werde.

Diese Aufgabe bezeichnet zugleich das Ende des Gebietes der kirch=
lichen Autorität, denn nicht nur stirbt mit der Lösung der Auf=
gabe jedes bisherige Kirchenregiment seinem abgesonderten Sein
ab, sondern auch die Lösung selbst, weil sie über das Gebiet der
abgeschlossenen Autorität hinausgeht, kann nur durch die Wirk=
samkeit der freien Geistesmacht hervorgerufen werden.

§ 328. Da das ungebundene Element des Kirchen=
regimentes (vergl. § 312), welches wir durch den Ausdruck
freie Geistesmacht in der evangelischen Kirche bezeichnen,
als auf das Ganze gerichtete Thätigkeit einzelner, eine mög=
lichst unbeschränkte Öffentlichkeit, in welcher sich der einzelne
äußern kann, voraussetzt: so findet es sich jetzt vornehmlich in
dem Beruf des akademischen Theologen und des kirchlichen
Schriftstellers.

Bei dem ersten Ausdruck ist nicht gerade an die nur zufällige jetzt
noch bestehende Form zu denken; doch wird immer eine münd=
liche, große Massen der zur Kirchenleitung bestimmten Jugend
vielseitig anregende Überlieferung etwas höchst Wünschenswertes
bleiben. — Unter dem letzten sind in dieser Beziehung diejenigen
nicht mit begriffen, welche nur ihre Verrichtungen im Kirchen=
dienst auf die Schrift übertragen.

§ 329. Beide werden ihre allgemeinste Wirkung (vergl.
§§ 313, 314) nur in dem Maß vollbringen, als sie dem Be=
griff des Kirchenfürsten (vergl. § 9) nahe kommen.

Des in § 9 erwähnten Gleichgewichts bedürfen beide um so weniger,
als sie sich mit ihrer Produktion in dem Gebiet einer besonderen
wissenschaftlichen Virtuosität bewegen. Aber in demselben Maß
werden sie auch keine allgemeine anregende Wirkung auf das
Kirchenregiment ausüben.

§ 330. Da der akademische Lehrer in der von religiösem
Interesse vorzüglich belebten Jugend den wissenschaftlichen
Geist in seiner theologischen Richtung erst recht zum Bewußt=
sein bringen soll: so ist die Methode anzugeben, wie dieser
Geist zu beleben sei, ohne das religiöse Interesse zu schwächen.

Wie wenig man noch im Besitz dieser Methode ist, lehrt eine nur
zu zahlreiche Erfahrung. Es bleibt übrigens dahingestellt, ob

diese Methode eine allgemeine sei, oder ob es bei verschiedenen Disciplinen auf verschiedenes ankommt.

§ 331. Da das Vorhandene um so weniger genügt, als der wissenschaftliche Geist die einzelnen Disciplinen durch= dringt: so ist eine Verfahrungsweise aufzustellen, wie die Auf= munterung und Anleitung, um die theologischen Wissenschaften weiter zu fördern, zugleich zu verbinden sei mit der richtigen Wertschätzung der bisherigen Ergebnisse und mit treuer Be= wahrung des dadurch in der Kirche niedergelegten Guten.

Eine gleiche Erfahrung bewährt hier denselben Mangel, und un= leugbar kommt von der allzuscharfen Spannung zwischen denen, welche Neues bevorworten und denen, welche sich vor dem Alten bengen, vieles auf Rechnung der Lehrweise.

§ 332. Sofern die schriftstellerische Thätigkeit auf Be= streitung des Falschen und Verderblichen gerichtet ist: so ist dem theologischen Schriftsteller besonders die Methode anzu= geben, wie er sowohl das Wahre und Gute, woran sich jenes findet und womit es zusammenhängt, nicht nur auffinden, sondern auch zur Anerkenntnis bringen kann, als auch dem eigentümlichen, worin es erscheint, seine Beziehung auf das kirchliche Bedürfnis anweisen.

Der Satz, daß aller Irrtum nur an der Wahrheit ist, und alles Schlechte nur am Guten, ist die Grundbedingung alles Streites und aller Korrektion. Der letzte Teil der Aufgabe ruht einerseits auf der Voraussetzung, daß Irriges und Schädliches, wenn nicht durch Eigentümlichkeit getragen, wenig Einfluß ausüben kann, anderseits auf der, daß alle Gaben in der Kirche sich erweisen können zum gemeinen Nutzen.

§ 333. Sofern sie Neues zur Anerkenntnis bringen und empfehlen will, wäre eine Formel zu finden, wie die Dar= stellung des Gegensatzes zwischen dem Neuen und Alten, und die des Zusammenhanges zwischen beiden sich am besten unter= stützen können.

Denn ohne Gegensatz wäre es nicht neu, und ohne Zusammen= hang wäre es nicht anzuknüpfen.

§ 334. Da die öffentliche Mitteilung sich leicht weiter verbreitet als sie eigentlich verstanden wird: so entsteht die Aufgabe, jene Darstellung so einzurichten, daß sie nur für diejenigen einen Reiz hat, von denen auch ein richtiger Ge= brauch zu erwarten ist.

Die sonst hierzu fast ausschließend empfohlene und angewendete Regel, sich bei Darstellungen, von denen Mißdeutung oder Mißbrauch zu erwarten ist, nur der gelehrten Sprache zu bedienen, ist den Ver= hältnissen nicht mehr angemessen.

Schlußbetrachtungen
über die praktische Theologie.

§ 335. Von der Scheidung zwischen dem, was jedem ob= liegt, und dem, was eine besondere Virtuosität konstituiert konnte hier keine Erwähnung geschehen.

Denn sie kann nur auf zufälligen oder fast persönlichen Beschrän= kungen beruhen, und ergiebt sich dann von selbst. An und für sich betrachtet, kann jeder zur Kirchenleitung Berufene auf jede Weise wirksam sein; und es giebt nicht sowohl verschiedene trenn= bare Gebiete als nur verschiedene Grade erreichbarer Voll= kommenheit.

§ 336. Die Aufgaben, zumal im Gebiet des Kirchen= regimentes, wird derjenige am richtigsten stellen, der sich seine philosophische Theologie am vollkommensten durchgebildet hat. Die richtigsten Methoden werden sich demjenigen darbieten, der am vielseitigsten auf geschichtlicher Basis in der Gegen= wart lebt. Die Ausführung muß am meisten durch Natur= anlagen und allgemeine Bildung gefördert werden.

Wenn nicht alles, was in dieser encyklopädischen Darstellung aus= einander gelegt ist, hier gefordert würde, so wäre sie unrichtig, so wie die Forderung unrichtig wäre, wenn sie etwas enthielte, was in keiner encyklopädischen Darstellung enthalten sein kann.

§ 337. Der Zustand der praktischen Theologie als Disci= plin zeigt, daß was im Studium jedes einzelnen das Letzte

ist, auch als das Letzte in der Entwicklung der Theologie
überhaupt erscheint.

Schon deshalb weil sie die Durchbildung der philosophischen Theo=
logie (vergl. §§ 66 und 259) voraussetzt.

§ 338. Da sowohl der Kirchendienst als das Kirchen=
regiment in der evangelischen Kirche wesentlich durch ihren
Gegensatz gegen die römische bedingt ist: so ist es die höchste
Vollkommenheit der praktischen Theologie, beide jedesmal so
zu gestalten, wie es dem Stande dieses Gegensatzes zu seinem
Kulminationspunkte angemessen ist.

Hierdurch geht sie besonders auf die höchste Aufgabe der Apologetik
(vergl. § 53) zurück.

Jedes Werk ist einzeln käuflich; jede Nummer kostet 25 Pfg.

Matthisson, Gedichte 1
Maupassant, Gedichte 1
Mengs, Karen. Eine Sylter Geschichte . 2
Meyr, Ludwig und Annemarie . . 1
— Die Lehrersbraut — Sieg d. Schwachen je 2
Ende gut, alles gut 4
Milton, Das verlorene Paradies . . . 4
Minnesinger. Deutsche Liederdichter des 12.—14. Jahrhunderts 2
Mistral, Gedichte 2
Molière, Der Geizige. Lustspiel. — Der eingebildete Kranke. Komödie — Tartüffe je 1
Monumentum Ancyranum. Die Thaten des Kaisers Augustus . . . 2
Mosen, Gedichte 1
Mosenthal, Deborah. Volksschauspiel . 1
Mügge, Afraja. Ein nordischer Roman 6
— Der Vogt von Sylt 3
Müller, Wilh., Gedichte. Ges.-Ausgabe 4
— Griechenlieder 1
Multatuli (Ed. D. Decker), Max Havelaar — Die Abenteuer des kleinen Walther
Walther i. d. Lehre — Millionen-Studien je 4
— Minnebriefe. — Zeige mir den Platz 2c. 3
— Fürstenschule. — Die Braut. Schauspiele je 1
— Ideen und Skizzen 3
Murray, John Pym od. Sechs Geschichten aus den Papieren eines Privatdetektivs . 2
Musäus, Volksmärchen d. Deutschen. Ausw. 2
Musset, Spielt nicht mit der Liebe! Schausp. 1
Nekrassow, Russische Frauen . . 1
Nestroy, Lumpacivagabundus. Zauberposse
Neuperfische Lustspiele, Drei . . 2
Nicholson, Thoth. — Torar. 2 Erzählgn. 4
Nicolai, Anekdoten von Friedr. II. v. Pr. 2
Niebuhr, Griechische Heroengeschichten . 1
Novalis, Heinr. v. Ofterdingen. Roman — Gedichte. Gesamt-Ausgabe . . 1
Novellenbuch, Ungarisches, von D. Hael. ; Teile . . . . je 1
Novellenbuch, Polnisches, von Alb. Weiß. I. u. II. Teil je 2 — III. u. IV. Teil je 3
Oeser, Weihgeschenk für Frauen u. Jungfr. 6
Ohnet, Sergius Panin. Roman . . 4
Ottmann, Alexanderlied (f Lamprecht).
Ovid, Verwandlungen 2
— Liebesbüchlein. Cyklus altröm. Lebens 1
Pauli, Die Waffen nieder! Drama . 2
Pestalozzi, Lienhard und Gertrud . 6
Petersen, Die Irrlichter 1
— Prinzessin Ilse. Märchen a. d. Harzgeb. 1
Petöfi, Gedichte 2
Pixold, Die Einzige. Schauspiel . 1
Platen, Gedichte. Gesamt-Ausgabe . 2
Plato, Das Gastmahl — Gespräch üb. Liebe 1
Plautus, Zwillinge — Schiffbruch. Lustspiele je 1
Poe, Erzählungen 4
Prinzhorn, Von beiden Ufern des Atlantic 7
Prutz, Buch der Liebe u. a. Ausgew. Ged.
Rabener, Werke. Auswahl . . . 3
Rachne, Berenice. Tragödie . . 1
Raeder, Robert und Bertram. Posse 1
Raimund, Verschwender. Zaubermärchen 1
Raoukilde, Judith Fürste. Roman 2
Rehfues, Marienburg 1

Reinick, Lieder 2
Renan, Das Leben Jesu . . . 2
Reuter, Stromtid 9 — Festungstid 3 — Franzosentid. Woans ick tau 'ne Fru kamm 3 — Läuschen un Rimels 5 — Hanne Nüte — Kein Hüsung — Schurr- Murr — Dörchläuchting — Montecchi un Capuletti — Reis' nah Belligen je 3
— Dramat. Bearbeitgn. Reuterscher Werke: Onkel Bräsig. — Kein Hüsung. — Ut de Franzosentid . . . . . je 1
Rodenberg, Bilder aus dem Berliner Leben 2
Rohrscheidt, Armin und Thusnelda . 1
Rolandslied. Das älteste französische Epos 2
Rothe, Dr. Richard, Ausgew. Schriften . 2
König Rother. Gedicht des 12. Jahrh. 1
Rückert, Liebesfrühling — Gedichte . je 2
— Weisheit des Brahmanen . . . 3
— Die Makamen des Hariri . . . 4
Rydberg, Der letzte Athener . . 6
Sachs, Hans, Komödien . . . 1
Saint-Pierre, Paul und Virginie . . 1
Salis-Seewis, Gedichte 1
Saphir, Wilde Rosen 1
Sarcey, Die Belagerung von Paris . 3
Schandorph, Brigitte. Roman . . 2
Schätzler-Perasini u. Schönau, Flor. Brautf. 1
Scharling, Zur Neuj. i. Parrhof v. Nöddebo 3
Schaumberger, Im Hirtenhaus . . 3
Schäfer, Laienbrevier 3
Schenkendorf, Gedichte 1
Schiller, Die Braut von Messina, Trauersp. 1
— Gedichte — Kleine prosaische Schriften je 2
— Geschichte des 30jährigen Krieges . 3
— Geschichte des Abfalls der Niederlande 4
— Briefe an D. Freih. Heribert v. Dalberg 1
— Kabale und Liebe — Maria Stuart — Die Räuber — Wilhelm Tell — Don Karlos — Fiesko — Jungfrau v. Orl. — Wallenst. I. W. Lager 2c. — II. W. Tod — Der Neffe als Onkel, Lustsp. — Phädra, Trauersp. von Racine — Der Geisterseher — Turandot — Demetrius, Fragment — Lied von der Glocke, Bühneneinrichtg. je 1
Schjörring, Ither's Geschichte. Roman 2
Schleiermacher, Monologen. Neujahrsgabe 1
— Der christliche Glaube 2c. . . . 12
— Kurze Darstellung des theol. Studiums 2
— Ueber die Religion 3
Schmid, Die Hopfenblüten. — Die Ostereier 1
— Rosa von Tannenburg. Erzählung 1
Schmidt, E. W., Bühnenbearbeitungen: „Der Kaufmann von Venedig" . . 1
— „Die Räuber" — „Hamlet" — „Othello" — „Don Karlos" . . . . je 2
— Lothar, Luigi Cafarelli . . . 1
— Marim., Die Schwanjungfrau . . 1
Schönthan, Humoresken und Skizzen 2
Schoeppl, Mozart. Dram. Charakterbild 1
Schopenhauer, Welt a. Wille u. Vorst. 2 Bde. 12
— Parerga und Paralipomena. Kleine philos. Schriften in 2 Bdn. Lwbd. 3,50 M Auch in Einzel-Ausgaben je 1—2 Nrn.
Schrut, Das Theater im Salon. Samml. leichter Stücke zur Aufführg. 2c. 10 Bde. je 2

In elegantem Geschenkband, mit Goldschnitt, ausgenommen mit † bez. Titel.